Inhalt

9

Vorwort

Verehrung der Schönen

Dresden hat einen Dauerhelden – August den Starken, Kurfürst seiner Würde nach, polnischer König und Frauenverehrer. Der Wettiner war zur rechten Zeit geboren und zur rechten Zeit Kurfürst geworden: in der Zeit des Barock. In diesen Jahrzehnten, die später als augusteisches Zeitalter bezeichnet werden (1694-1763), wurden die Schönen an den Höfen öffentlich verehrt und geliebt, meist zum Herzeleid der angetrauten Ehefrauen. Ihnen stand die Pflicht zu, den männlichen Thronfolger zur Welt zu bringen. Schöne Frauen zu lieben war an den europäischen Höfen nahezu Fürstenpflicht, sie zu versorgen höfischer Auftrag. Die bürgerliche Elle von Treue und Eheglück anzulegen, taugt für diese Zeit nicht. Freilich – beides ist schwer in Übereinstimmung zu bringen. Huren und Ehebrecherinnen wurden des Landes verwiesen, und den Mätressen wurde öffentlich Beifall gezollt. Wer will, soll darüber richten. Zeiten, ganz gleich welcher Art, sind zumeist nicht moralisch. Dies vermögen auch die Moralisten und ernsthaften Gottesmänner nicht zu ändern.

Friedrich August I., wie er offiziell heißt, wurde am 12. Mai 1670 in Dresden geboren. Als Zweitgeborener sah er seine Zukunft auf den europäischen Schlachtfeldern. Nach Feldherrenlorbeer stand ihm der Sinn, die Franzosen wollte er im Reichsheer bekämpfen, den Türken eins überziehen, die wieder gegen das habsburgische Reich anrannten. Aber die Geschichte hat ihre Launen und Zufälle. Sein Bruder verliebte sich in die schöne Sibylle von Neidschütz. Sie brachte ihm kein Glück. Sie erkrankte an Pocken und starb. Der junge Johann Georg IV. warf sich vor Verzweiflung auf die tote Geliebte. Ein paar Tage später streckte ihn ein Schwächeanfall hin, er legte sich ins Bett und stand nicht wieder auf. Er hatte sich an Sibylles Pocken infiziert. Friedrich August fiel der Kurhut zu. Nun musste er regieren, worauf er nicht vorbereitet war. Immerhin, eines fiel ihm sofort ein: Er, der Fürst, wollte strahlen, seine enge Residenz verändern. Reden sollten die Höfe über Dresden, von Sachsen.

Die Mär hat es ihm angedichtet. Er drücke silberne Becher zusammen, zerbreche Hufeisen, erlege mit einem Hieb wütende Stiere. Schon als Junge, auf seiner Kavalierstour durch Frankreich, Spanien, Italien, bestand er Liebesabenteuer, entkam glücklich den erzürnten Ehemännern. Die Legende webt es: 365 Kinder hat er gezeugt, unzählige Geliebte besessen. Es waren vor allem die Frauen, die ihm die Kinder andichteten. Liselotte von der Pfalz, die Schwägerin Ludwigs XIV., eine geistreiche Dame am Hof des Sonnenkönigs, meint, dass ihm die Damen „greulich nachgelaufen" wären, hätten sie „von seiner Perfektion" (seinen Liebeskünsten) gewusst. Und die Lieblingsschwester Friedrichs des Großen, Wilhelmine, dichtete ihm die vielen Kinder an und behauptete sogar, dass er seine eigene Tochter zur Mätresse gemacht habe. Was auch über den Wettiner behauptet wurde, was auch immer die Legende erzählt, eines stimmt ohne Einschränkung: Mit August dem Starken begann der große Liebesreigen am Dresdner Hof.

II

Und sie wären ihm greulich nachgelaufen

Auf einem Gemälde ist der Wettiner Friedrich August I. als Fünfzehnjähriger dargestellt. Da hat er noch alles vor sich: die erste Liebe, die Reise an den dänischen Hof, die große Bildungstour nach Frankreich, Spanien, Italien, seine ersten Bewährungen als Soldat am Rhein und in Holland, in Flandern und Brabant, sein Suchen nach einem künftigen Platz im Kurfürstentum Sachsen. Nur eines scheint zu diesem Zeitpunkt sicher: Kurfürst kann er nicht werden. Sein Bruder Johann Georg ist nur zwei Jahre älter als er. Also gehört dem Erstgeborenen der Kurhut, wenn der Vater, Johann Georg III., stirbt. So will es das Gesetz.

Friedrich August fühlte sich schon sehr früh dem Älteren überlegen. Aber er zögerte nicht, das Gesetz zu befolgen. Das war seit dem biblischen Linsengericht ein eherner Grundsatz. Später wird spekuliert, dass der Jüngere den Älteren zu Tode gebracht habe. Davon ist niemals etwas bewiesen worden. Wahr ist, das Verhältnis der Brüder zueinander war gestört. Johann Georg war jähzornig. Und es kam zu Tätlichkeiten. Wie die beiden zueinander standen, charakterisierte Friedrich August in seinem literarischen Versuch, der nur wenige Seiten erreichte. Darin heißt es, dass sie „stethen Krieg miteinander" hatten, „dieweil die Natur dem ingeren mehr vorteil vor dem elteren gegeben". Über Johann Georg selbst meinte er, dieser „wahr von Natur und Gliedmaßen schwag, von Gemiette zornig und melanquollich; sehr großes Belieben, Wissenschaften zu lernen, in welchen er sehr reuchierte (erfolgreich war)". Dass es das Schicksal dann doch anders wollte, war nicht zu ahnen. Der Tod spielte den großen Veränderer.

Wer das Gemälde geschaffen hat, ist unbekannt. Ein junger Mann schaut mehr in sich hinein denn in die Welt. Schön ist er nicht. Keck trägt er ein Tuch um den Hals. Langes, dunkles Haar fällt auf die Schultern. Über kühlen, ungleich großen Augen wölben sich kräftige Augenbrauen. Die lange „Entennase" sticht stark aus dem Gesicht. Die hat er von seiner Mutter Anna Sophie, der Dänin. Überhaupt spiegelt sich ihr Äußeres mehr in dem Jungen als das

Friedrich August als Fünfzehnjähriger.

seines Vaters Johann Georg III. Ein fleischig-wulstiger Mund verrät Sinnlichkeit. Ein Jahr später, etwa 1686, hat Friedrich August ein Liebesabenteuer. Da ist er sechzehn Jahre alt.

Von seiner ersten Liebsten gibt es kein Gemälde. Woher sie stammt, ist unbekannt. Als Hoffräulein kam sie an den Dresdner Hof. Friedrich Augusts Mutter nahm die junge Dame auf. Bei ihr

Friedrich Augusts Mutter Anna Sophie.

lernte er das Mädchen kennen. Es war etwas älter als er. Wie die Liebste hieß, ist überliefert: Maria Elisabeth von Brockdorf. Welch Doppelung des Namens. Jahre später wird er wieder eine Brockdorf lieben, wird sie zur ersten Dame in der Dresdner Residenz erheben.

Friedrich August, den Biographen bereits in jungen Jahren als äußerst kräftig und temperamentvoll beschreiben, verliebte sich in Maria Elisabeth. Das entging Anna Sophie nicht. Sie sah es ungern und mit wachsender Ablehnung. Sie verbot ihm ihren Salon, untersagte jede Beziehung zu dem Mädchen. Friedrich August wusste sich zu helfen. Gottlob Beichling, Page am Dresdner Hof und sein

Sein Vater: Johann Georg III.

Vertrauter, spielte den Postboten. Zarte Brieflein in blumig breitem Sächsisch erreichten Maria Elisabeth. Das alte Schloss war weiträumig und dunkel. Nicht dunkel genug, um alles zu verbergen. Die Kurfürstin verwies das Fräulein des Hofes, ja aus Dresden. Friedrich August beschwerte sich bitterlich bei seinem Vater. Der hatte mehr Verständnis.

Johann Georg III. hing stärker an dem Jüngeren als an dem Älteren. Friedrich Augusts Temperament war ihm angenehm. Der Junge schien nach ihm zu geraten. Die Liebschaft seines Sohnes störte ihn nicht. Ein Familienkonflikt bahnte sich an.

Die Kurfürstin war eine strenge Protestantin, fromm und sittsam. Für das lose Hofleben hatte sie kein Verständnis. Vielweiberei war ihr verhasst. Sie selbst hatte erleben müssen, wie ihr Johann Georg die heiligen Sakramente der Ehe bedenkenlos brach. Eine Geliebte nach der anderen legte er sich zu, wenn ihm danach war. Und es war ihm oft danach. Ihr Sohn, das wollte sie verhindern, sollte nicht dieser verruchten Lebensart verfallen. In seinen Adern floss dänisches Blut, floss der kühle Norden, die strengere Gesittung. Sie wird sich umsonst bemühen und es schließlich ganz aufgeben und sich vom Dresdner Hof nach Lichtenburg zurückziehen. Und ihr Sohn – inzwischen Kurfürst geworden – wird dies mit Respekt akzeptieren.

Was in Dresden im letzten Viertel des 17. Jahrhunderts geschah, war barocke höfische Lebensentfaltung. Die Lebensart Ludwigs XIV. strahlte auf viele deutsche Höfe aus. Die Fürsten eiferten dem französischen Sonnenkönig nach, sie versuchten, absolutistisch zu regieren, hielten sich Mätressen. Sich mit schönen Frauen zu umgeben war Fürstenpflicht, für sie zu sorgen war keiner Laune gestundet, das gehörte vielmehr zum höfischen Lebensstil. Noch war die Residenz der Wettiner weit von jenem Glanz entfernt, der später gerühmt werden sollte. Jagden und Tierhatzen, Maskeraden und Aufzüge standen aber schon vor Friedrich August in hohem Kurs. Und zu Festen floss mehr Wein, als der einzelne vertrug. Bereits Georg II., der großartige Förderer von Theater und Musik, ließ es sich mit seiner jungen Dame gut ergehen. In einer zeitgenössischen Darstellung heißt es: „Der Sachse, oft mit einer Kolik geplagt, habe eine junge Dirne, die sich uff ihn legt, wenn ihn das Grimmen ankompt." Auch Friedrich Augusts Bruder Johann Georg IV. setzte sich über die ehelichen Schranken hinweg und verliebte sich in die siebzehnjährige Sibylle von Neidschütz.

Georg III. also hatte Verständnis für seinen Sohn. Gegen den Willen Anna Sophies ließ er das Hoffräulein nach Dresden zurückkehren. Sie wird es Friedrich August gedankt haben. 1687 ging Friedrich August auf große Reise. Die Spur der Maria Elisabeth verlor sich im Dunkel der Zeit.

Die große Reise – da beginnt schon die Legende zu malen. Friedrich August wird in Versailles Ludwig XIV. vorgestellt. Und eine der geistreichsten und berühmtesten Klatschdamen am französischen Hof, Liselotte von der Pfalz, die Schwägerin des Sonnenkönigs, beobachtet den Wettiner genau. In ihren Briefen und Memoiren hält sie fest, anfangs noch mit Wohlwollen: „Er ist hübsch von Gesicht, aber doch wohl geschaffen und hatt all gutt Minen. Scheint auch, dass er mehr Vivazität hat als sein Herr Bruder und ist nicht so melancholisch, allein er spricht noch gar wenig, kan also noch nicht wißen, was dahinder steckt, aber so viel ich nun judicieren kan, so hatte er nicht so viel verstandt wie unßer Prinz Karl (gemeint ist Philipp von Hannover)." Später glaubt Liselotte, dass Paris Friedrich August „verderbt" habe. Bald besser und genauer informiert, stellt sie ihrem eigenen Geschlecht, den Frauen, kein gutes Zeichen aus. Hätten die Damen – so meint sie – von seiner „Perfektion und Stärke" gewusst, „sie wären ihm greulich nachgelaufen". Das dürfte wohl übertrieben sein, zumindest was seine Perfektion betrifft.

Friedrich August war 17 Jahre alt, als er sich in Paris und Versailles aufhielt. Der große Frauenkenner kann er nicht gewesen sein. Selbst die Legende hält sich da noch zurück.

Die Reise führte ihn von Frankreich in den Süden, nach Madrid, Lissabon, nach Venedig und Rom. Venedig genoss er mit vollen Sinnen, den Karneval kostete er aus; er erlebte die große Theaterkulisse des Markusplatzes, die Lagune, auf die das Licht weich und schimmernd fiel, erlebte die gotischen Paläste und Kirchen. Er ruderte über den Canale Grande und schritt über den Ponte Rialto. Und als ihn die Aufforderung seines Vaters zur Rückkehr erreichte, trennte er sich nur ungern von der Stadt. Befehl war Befehl. Aber wer den Süden erlebt, der kehrt als ein anderer zurück. Das wird später sichtbar werden. Nach Italien wird es Friedrich August ein Leben lang ziehen. Und ein Leben lang wird er ein Stück dieser südlichen Heiterkeit in sein Dresden zu holen versuchen, wird die Elbe in Gedanken zu einem Canale Grande umgestalten, wird die großen Dresdner Plätze, Kirchen und Paläste von seinen Architekten und Baumeistern zum Strom ausrichten lassen.

Zurückgekehrt soll er mehrere Abenteuer bestanden haben. „Er trat in die Arena und verrichtete Wunder der Geschicklichkeit und

Kraft. Mit einem Hirschfänger versetzte er einem wild gewordenen Stier einen so gewaltigen Hieb in den Nacken, dass er ihm fast den Kopf vom Rumpf trennte und das Tier tot zu Boden stürzte. Die Spanier konnten ihn nicht genug bewundern." Klar, dass er auch den Damen gefiel, besonders einer Marquise Manzera. Das wäre beinahe übel für den Wettiner ausgegangen. Er machte ihr den Hof, und ihr listiger, kränklicher Mann kam dahinter. „Seine natürliche Unerschrockenheit und seine heftige Liebe jedoch ließen ihn der Gefahr, die ihm nicht entging, trotzen. Er wagte das Spiel, ohne sich einen Augenblick zu bedenken." Der zu Tode betrübte Spanier beschließt sich zu rächen und dingt vier Mörder. Aber Friedrich August entledigt sich ihrer, kuriert seine Wunden aus und entkommt. Leider geht die Geschichte tragisch aus. Die Marquise wird von ihrem Gatten gezwungen, Gift zu nehmen. Dichtung oder Wahrheit? Die Legende hat es gewoben.

In Dresden wurde Friedrich August Soldatenpflicht abverlangt. Sein Vater führte das Reichsheer gegen die Franzosen an. Wieder einmal war zwischen dem Reich und Frankreich Krieg ausgebrochen. Friedrich August, der sein künftiges Leben als Soldat sah, von militärischen Ehren und Ruhm träumte, bewies in den Kämpfen Mut. Er war bei der Belagerung von Mainz dabei. Ein Schuss streifte ihn am Kopf. Sein Pferd wurde ihm unter seinem Hintern weggeschossen. Der Lauf einer Büchse, die er doppelt lud, um über den Main zu schießen, explodierte. Friedrich August büßte ein Glied vom Daumen ein. In diesem Feldzug spürte er den „Trieb des Soldatentums" in sich. Der Kurhut war unerreichbar, im Krieg, auf den europäischen Schlachtfeldern, wollte er sich auszeichnen. Aber es kam anders. Sibylle, die Geliebte seines Bruders, brachte Johann Georg kein Glück. Er infizierte sich an ihren Pocken und starb 23 Tage nach ihr. Keine drei Jahre hatte er regiert.

Nun, da Johann Georg IV. im Sarg lag, war Friedrich August dem Bruder nicht mehr gram. Die schöne Geliebte des Bruders hatte auch ihm gefallen. Johann Georg hatte vor Eifersucht gerast. Jetzt war sie tot, tot wie sein Bruder. Sie hatten sich nicht verstanden. Zu verschieden waren sie, zu sehr hatte der eine den anderen verachtet. Johann Georg hatte die Macht, und er, Friedrich August, musste sich krümmen. Eines konnte er ihm nicht vergessen. Er hatte – wie

Kurfürstin Christiane Eberhardine, die Gemahlin Augusts des Starken.

sein Vater – darauf bestanden, dass er, Friedrich August, Christiane Eberhardine heiratet, um den Freundschaftspakt mit dem Hause Brandenburg zu besiegeln. Nach anfänglichem Feuer war seine Zuneigung zu Christiane Eberhardine schnell erloschen. Anfangs hatte er sich sogar als ihr Knecht bezeichnet, hatte ihr seine Liebe überschwenglich gestanden. Aber dann war es vorbei gewesen. Das hatten sogar die Eltern Christiane Eberhardines mitbekommen und gezögert, ihm die Tochter zu überlassen. Die Vernunft hatte in Bayreuth gesiegt. Nicht zweimal bekam man das Angebot, ins Haus Wettin einzuheiraten und die Tochter gut versorgt zu sehen. Friedrich August betrachtete seine Eberhardine. Klein war sie und zierlich und immer so blass. Viel Spaß schienen ihr die Hoffeste nicht zu machen. Sie wird sich ändern müssen, wenn sie an seiner Seite strahlen will. Liebte sie ihn noch? Er genoss die Huldigungen. Nun war er der Erste. Nun würde sich Kursachsen nach seinem Willen entwickeln. Das Land war nicht arm. Es war volkreich und besaß gute Handwerker. Aus Freiberg rollte der Silberwagen immer noch reich beladen. Der Adel hatte auf seinen Herrensitzen sein Auskommen, mehr als er benötigte. Auch die Städte waren entwickelt; gelegentlich stellten sie zu sehr ihre Selbstständigkeit heraus, prahlten mit ihrem Handels- und Erwerbssinn. Er wird sie alle, die vom Mitregieren nicht lassen wollen, zur Kasse bitten. Dann wird ihnen der große Ton vergehen. Vor allem will er sein Dresden in Glanz erstrahlen lassen. Wien und Paris und Madrid waren glanzvoller. Und das Schloss in Versailles erst! Auch die Hohenzollern in Berlin und in Potsdam hatten sich mit dem Bauen beeilt. Er wird schnell zulegen, wird schnell in seiner Residenz bauen müssen. Vor allem musste er den Einfluß des Adels und der Stände brechen. In Brandenburg, in Böhmen, auch in Schweden hatten die Herren klein beigeben müssen. Er machte sich keine Illusionen, in Sachsen wird er es schwer haben. Sie hatten seinem Großvater abgepreßt, kein Herr zu sein. Auch sein Vater hatte ständig Scherereien mit den Ständen gehabt. Und seinen Bruder hatten sie gehaßt, weil er ihnen mit Bajonetten gedroht hatte. Das musste er zugeben, das war großartig von Johann Georg gewesen. Es hatte ihm Hochachtung abgenötigt.

Er genoss den Wein. Es war guter Ungarnwein; er liebte diesen Wein; er hatte Feuer und Kraft; er spürte die Blicke der Schönen, die ihre Fächer sprechen ließen, Freuden andeuteten, Versprechen.

Hochgefühl erfasste ihn. Er war jung, gesund, voller Tatendurst. Das Schicksal schien es mit ihm gut zu meinen. Nein, er war Johann Georg nicht mehr böse. Toten ist man nicht böse, Tote erlauben Großzügigkeit. Im Streit hätte er ihn beinahe erstochen. Er erinnerte sich genau, wie blitzartig der Wunsch über ihn kam: Stich zu! Sibyllchen, dieses Luder, diese Teufelin, hat ihren treuen Johann Georg zu sich geholt. Und nun wird sie ihm, Friedrich August, noch als Tote Scherereien bereiten. Er wird alles zurückholen müssen, was ihr der Bruder so großzügig geschenkt hatte. Das Rittergut Pillnitz vor allem. Aus der Gruft der Sophienkirche wird er sie auch entfernen müssen. Das erwartete seine Familie, das erwarteten die geistlichen Herren. Wenn er an sie dachte, wurde ihm ganz sonderbar zumute. Sie redeten viel und waren doch feige. Als Johann Georg tot war, hatten sie ihn angegriffen. Vorher hatten sie es sich nicht getraut. Er wird aufpassen müssen, dass sie nicht zu frech werden. Ja, er wird nachgeben und die Sibylle aus der Gruft entfernen lassen. Dieser törichte vernarrte Johann Georg. Er hatte ernsthaft überlegt, seine Frau zu verstoßen und Sibylle zu heiraten. Nun war es aus mit allem. Rührung überkam ihn sogar. Um Johann Georgs Tochter mußte er sich kümmern. Er blickte in die auserlesene Schar. Da war die Kessel, immer noch schön. Wenn sie nur nicht so eifersüchtig gewesen wäre. Damit hat sie so vieles verdorben. Er lachte still in sich hinein. Wieder hatte seine Mutter Schwierigkeiten bereitet. Aber er hatte sie überlistet. Nun wird sie ihm keine Schwierigkeiten mehr machen, wenn ihm nach einer Frau zumute war. Er allein befand, was gut für ihn war. Seine Augen suchten Klengels Töchter, entdeckten sie. Es war sein Wunsch gewesen, dass sie anwesend sein sollten. Sie waren schön, aufreizend. Vor allem die ältere mochte er. Der alte große Klengel, dieser unnachgiebige Lehrer und Pedant, großzügig hatte er darüber hinweggesehen, als er dahinterkam, dass er, Friedrich August, seinen Töchtern sehr zugetan war.

Friedrich August beobachtete mit scharfem Blick, sortierte schon aus, wen er nicht mehr um sich sehen wollte. Viele waren es nicht, denen er vertraute. Hoym, den Kammerpräsidenten, würde er entlassen; er war ein Betrüger. Beichling würde er zum Teufel jagen; er hasste diesen Mann, hatte der doch mit seinem Bruder ein Komplott geschlossen, ihn, Friedrich August, von der Erbfolge aus-

Magdalene Sibylle von Neidschütz, die Geliebte Johann Georgs IV.

zuschließen. Nun würde Hoym die Quittung erhalten. Er würde andere zu Ministern machen müssen, Fremde, die nicht miteinander versippt waren, er brauchte ergebene Minister, die unbesehen bereit waren, seinen Willen durchzusetzen.

39 Jahre sollten Friedrich August I. zum Regieren bleiben. Einiges wird ihm gelingen. In der Politik wird er fast gänzlich versagen. Aber in diesen knapp vier Jahrzehnten wird Dresden zu einer europäischen Residenz von Rang aufsteigen. Noch zu Lebzeiten des Kurfürsten wird sie berühmt, wird ihr bestätigt werden, dass sich alle Künste in ihr entfalten können. Vieles davon wird Übertreibung sein, manches sich als wahr erweisen, bis heute. Und was den Wettiner selbst betrifft, irgendwann wird er als August der Starke in die Geschichte treten.

Augusts Bruder Johann Georg IV. steckte sich an den Pocken
seiner Geliebten an und starb 23 Tage nach ihr.

Schon zu Lebzeiten setzt die Legendenbildung um ihn ein.
Neben Liselotte von der Pfalz ist es vor allem Wilhelmine Friderike
Sophie von Preußen, die Schwester Friedrichs II., die Friedrich
August zum verruchten und gewissenlosen Wüstling stempelt. Sie
ist es, die eines der größten Gerüchte in die Welt setzt. „Ich habe
schon erwähnt", schreibt sie in ihren Memoiren, „dass der König
von Polen die Weiber sehr liebt. Er hält sich ein wahres Serail.
Seine Ausschweifungen sowohl in dieser Hinsicht als auch im
Trinken übersteigen alle Begriffe, und man sagt, dass er von seinen
Mätressen 354 Kinder gehabt haben soll." Sophie von Preußen legt
noch zu: „Seine damaligen Mätressen oder wenigstens jene unter
seinen Frauen, die er besonders auszeichnete, war seine eigene
Tochter, die er mit einer in Warschau wohnenden französischen
Kammerfrau gezeugt hatte. Er hat sie inzwischen zur Gräfin

gemacht, und sie nannte sich Orczelska." Eine Kammerfrau war die Mutter der Orczelska nicht, sie war lediglich die Tochter einer Weinhändlerin. Aber das war der lieben Sophie entgangen. Arme Schwester Friedrichs. Im kleinen Bayreuth als Markgräfin zu leben war gewiss nicht aufregend. Sie hatte Pech gehabt, dass sie dort gelandet war.

1728, als Friedrich August zum Preußenkönig nach Berlin reiste, um wieder ein vernünftiges Verhältnis zwischen Sachsen und Brandenburg zu begründen, war sogar ihre Verlobung mit Friedrich August ins Auge gefasst worden. Eberhardine war gestorben. Als König von Polen saß der Wettiner wieder fester im Sattel. Er war durchaus eine gute Partie, wenn auch inzwischen 58 Jahre alt. Friedrichs Lieblingsschwester jedenfalls schien nichts gegen eine solche Verbindung zu haben. „In dieser Zeit erfuhren wir, dass mein Vater auf den Punkt gewesen, mich mit dem König von Polen zu verloben ... Der schöne Plan scheiterte; der Kurprinz von Polen (Augusts Sohn) wollte diesen Artikel nicht unterzeichnen, die ganze Unterhandlung schlug also fehl."

Man lese genau: der schöne Plan. Verfolgte sie ihn deshalb so ruhelos? Nahm sie es ihm übel, dass sie in diesem winzigen Bayreuth, das sich so großspurig Residenz nannte, versauerte? Es ist verlockend, noch einen Gedanken zu bemühen. Was wäre möglicherweise – Sachsen erspart geblieben, wenn es zu dieser Ehe gekommen wäre? Keine preußische Besetzung des Kurfürstentums? Womöglich gemeinsam mit Brandenburg-Preußen gegen Habsburg im Schlesischen Krieg, gar im Siebenjährigen Krieg? Das sind Spekulationen, aber sie beweisen, dass Geschichte auch immer dem Zufall ausgeliefert ist. Und noch einer sorgte dafür, dass Friedrich August als großer Verehrer der Frauen und als Wüstling durch die Geschichte reitet: Baron Carl Ludwig von Pöllnitz. Er, Abenteurer und glänzender Schreiber, von Fürsten verfolgt und an Höfen geduldet, Oberzeremonienmeister und Hofnarr, Spion und Kavalier feinster Lebensart, verschuldet und gehasst, verarbeitete in seinem Buch „La Saxe galante" den Dresdner Hofklatsch. Der Hauptheld darin: Friedrich August und seine Mätressen.

Der große Liebesreigen

Maria Aurora von Königsmarck kam unerwartet, vielleicht gar unerwünscht an den Dresdner Hof. Als sich die ordinäre Postkutsche der Stadt näherte, erblickte sie die hohen Festungsmauern und Wälle, die Bastionen, die Türme der Kirchen. Die Stadt lag im Tal, umgeben von Grün. Sie hatte schon viel von dieser Residenz gehört, auch von dem jungen Kurfürsten. Flüchtig hatten sie sich vor Jahren in Hamburg kennen gelernt. Sie hatte ihn kaum beachtet. Er war ein etwas dicklicher Jüngling gewesen, der zweite aus dem Hause Wettin. Nun war er der Erste geworden. Es hatte ihr Spaß gemacht, ihm ein Huldigungsgedicht zu widmen, als er Kurfürst geworden war. Sie hatte es ihm zugeschickt, er hatte sich nicht bedankt. Vielleicht wird sie ihn daran erinnern. Sie schaute auf die Stadt am Fluss. Klein war sie, kleiner als Hamburg. Es schien etwas Kühles von ihr auszugehen. Aber der Fluss und die waldreichen Höhen versöhnten.

Was sie vorhatte, war viel. Ihr Bruder Philipp war am hannoverschen Hof spurlos verschwunden. All ihre Nachforschungen hatten nichts erbracht. Selbst in Lüneburg und Braunschweig, wo man ihr zugetan war, hielt man sich zurück, wenn sie von den seltsamen Umständen sprach. Niemand, so schien es, wollte sich mit den Welfen anlegen. Vielleicht würde der Wettiner helfen und sich für sie verwenden. Ihr Bruder hatte in sächsischen Diensten gestanden und den sächsischen Prinzen auf dessen großer Tour in den Süden begleitet. Kurz vor seinem Verschwinden war Philipp im Begriff gewesen, nach Dresden zurückzukehren. Auf Wunsch Friedrich Augusts. Konnte sie darauf bauen?

Zog Maria Aurora den kleinen runden Spiegel, ein Geschenk Horns, ihres unglücklichen Verehrers, aus dem kostbaren Kästchen, als sich die Kutsche dem Schloss näherte? Betrachtete sie sich prüfend? War sie mit ihrem Aussehen zufrieden? Sie kam nicht nur ihres Bruders wegen. Vielleicht fand sie in Dresden eine angemessene gesellschaftliche Stellung. In Hannover war es nach dem Verschwinden ihres Bruders Philipp frostig geworden. Sie hatte den Kurfürsten um Aufklärung gebeten. Darauf hatte man sie wissen lassen, dass man sie künftig am Hof nicht mehr zu sehen wünsche. Ihr hartnäckiges Beharren auf Auskunft hatte auch die Kurfürstin verärgert. Hannover hielt Aurora vor, dass sie die Welfen in Verruf bringe. Und in der Tat beschäftigte sich die kaiserliche Kanzlei in Wien mit dem Fall Königsmarck, allerdings nur halbherzig. In Hannover konnte sie auf nichts mehr bauen. Vielleicht hatte sie in Dresden mehr Glück. Wenn sie den Kurfürsten Friedrich August für sich gewann, könnten ihre Pläne aufgehen. Es war Zeit, eine gewisse Sicherheit zu erlangen.

Maria Auroras Ankunft erregte in Dresden Aufsehen. Der Geheime Rat M. A. Haxthausen schrieb am 10. August 1694: „Ich öffne den Brief, um hinzuzufügen, dass man mich gerade in diesem Augenblick benachrichtigt, dass das Fräulein Aurora de Conismarck soeben angekommen ist, um bei dem Herrn Kurfürsten wegen ihres Bruders, der ziemlich gewiß am Leben sein soll, zu intercedieren, auch sagt man, dass die Kurfürstin von Brandenburg in Hannover angelangt sein soll." Auch der englische Gesandte maß Maria Auroras Ankunft große Bedeutung bei: „Die Schwester Conismarcks ist unter dem Vorwand hergekommen, den Kurfürsten zu bewegen, bei den Herzögen von Braunschweig-Lüneburg die Sache wegen der Freigabe ihres Bruders etwas lebhafter als bisher zu betreiben, wenn dieser noch am Leben ist: sie glaubt, dass er es ist, und deshalb hat der Kurfürst Orders an seinen Adjutanten Bannier geschickt, dass er energisch seine Herausgabe fordern möchte."

Die Aufmerksamkeit, die Maria Aurora in Dresden erfuhr, ist erklärlich. Sie war welterfahren und weitgereist. Sie war an vielen deutschen Höfen zu Gast gewesen, hatte Verehrung und Werben erfahren. Ein Geruch von Abenteuer umwehte die Schwedin. Es hieß, dass sie die Mätresse des Kurfürsten von Hannover gewesen sei. Zahlreiche Bewerber hätten um ihre Hand angehalten. Stets habe sie abgelehnt. (Konnte sie sich nicht binden? Wollte sie es nicht?) Selbst bedeutende Persönlichkeiten waren von Maria Aurora beeindruckt. Voltaire rühmte ihren Geist und ihre Schönheit. Der stocktrockene Gottsched, der mit zunehmendem Alter in Leipzig verbitterte, lobte ihre Sprache, ihre Gedichte und Stücke. Er nahm Maria Aurora in sein 1760 in Leipzig erschienenes Handlexikon auf. Daraus ist zu erfahren, dass sie Lustspiele

Die auf einem Kupferstich idealisierte Gräfin Maria Aurora von Königsmarck.

in französischen Versen und ein deutsches Trauerspiel geschrieben hat. Aber all das dürfte die große Aufmerksamkeit, die Maria Aurora erfuhr, dennoch nicht vollends erklären. Der englische Gesandte befürchtete offenbar diplomatische Verwicklungen zwischen Hannover und Dresden. Und welcher Gesandte hat so etwas gern. Sie bereiten bloß Arbeit. Würde der sächsische Kurfürst energisch Auskunft über Marias Auroras Bruder verlangen, könnte das in den beiden Residenzen zu Verstimmungen führen. Stimmte das Gerücht, war Philipp ermordet worden. Maria Auroras Bruder – so hieß es – sei zu weit gegangen. Er habe mit Sophie Dorothea, der Frau des Kurprinzen, ein Verhältnis gehabt. Die Liaison habe ihm das Genick gebrochen. Der Kurfürst hätte sich seiner eines Nachts entledigen lassen. All das waren Vermutungen. Maria Aurora glaubte nicht daran. Sie hoffte, dass ihr Bruder noch lebte.

Die Königsmarck erfuhr nicht nur Aufmerksamkeit, sondern auch freundliches Entgegenkommen in Dresden. Die Witwen Johann Georgs III. und des IV. nahmen sich ihrer an. In der Rangliste des europäischen Adels waren die Königsmarcks nicht unbedeutend. Als Haudegen hatten sie sich auf den Schlachtfeldern Europas einen Namen gemacht. Maria Auroras Urgroßvater stand als General im Dienst Kaiser Rudolfs II. Ihr Großvater focht erfolgreich im Dreißigjährigen Krieg. Die Eroberung der Kleinseite von Prag – so meinen Militärhistoriker – sei sein Verdienst. Dafür wurde ihm die Grafenwürde verliehen. Ihr Vetter Graf Konrad Christoph kämpfte für Schweden und Holland. Er fiel bei der Belagerung von Konstantinopel. Berühmter war Konrad Christophs Bruder Graf Otto Wilhelm. 1687 trat er gegen die Türken an und eroberte Athen. Beim Sturm auf die Akropolis schlug eine Bombe in das Parthenon ein. Der Tempel – von den Türken als Pulvermagazin genutzt – flog in die Luft. Graf Otto Wilhelm starb als Oberfeldherr für die Republik Venedig. Und Maria Auroras älterer Bruder schließlich, Graf Karl Johann, kämpfte auf englischen Galeeren und im Dienst des Malteserordens gegen die Türken. Auch er starb im Feldlager. Auf diesen Ruhm konnte Maria Aurora bauen, auf viel mehr aber nicht.

Die Königsmarcks befanden sich schon länger in wirtschaftlichen Schwierigkeiten. Die Konfiszierung vor allem jener im Dreißigjährigen Krieg erworbenen Güter durch die schwedische Krone hatte sie nahezu mittellos gemacht. Die Bemühungen ihrer Mutter in Kopenhagen, Besitz und Boden zurückzuerhalten, waren vor Jahren gescheitert. Maria Aurora musste sich kümmern, wenn sie nicht zusehends verarmen wollte. Noch war sie jung, noch besaß sie Charme. Das beeindruckte Männer. Sie hatte eine Idee, sie wollte im Quedlinburger Stift Äbtissin werden. Dieses Amt würde ihr ausreichende Pfründe einbringen.

Friedrich August war vier Monate Kurfürst, als sie im August 1694 zum ersten Mal in Dresden eintraf. Sie erlebte einen jungen, tatendurstigen Fürsten. Er hatte alle Welt wissen lassen, dass er die bestehenden territorialen Zustände im Reich hinzunehmen nicht bereit war. Er stellte Ansprüche auf Jülich, Cleve und Burg. Sie waren Kursachsen 1610 als Erbanspruch reichsrechtlich bestätigt worden. Aber das Recht war schwach. Längst befanden sich diese Gebiete unter brandenburgischer Hoheit. Magdeburg, auf das Friedrich August spekulierte, lag ebenfalls in brandenburgischer Hand. War er bereit, notfalls mit Gewalt, sich dieses Territorium einzuverleiben? Und was nicht weniger gewichtig war: Er hatte sich mit seinen Vettern in Zeitz und Merseburg angelegt, mit Städten und Gemeinden, mit Adelshäusern. Gerade sie, die auf ihren Einfluss in Sachsen bedacht waren, hatte er wissen lassen, dass er höhere Steuern und ein stehendes Heer wünsche. Der sächsische Hochadel, der nach dem Tode Johann Georgs IV. geglaubt hatte, den jungen Kurfürsten zu führen, sah sich im Irrtum. Der Wettiner war hochmütig, verwies ihn in Grenzen, mißachtete seinen Rat. Dafür berief er Fremde an den Dresdner Hof. Sie sollten den Willen des Kurfürsten durchsetzen. Die Zeichen standen auf Sturm – der Kurfürst musste in Schach gehalten werden.

Gefiel er Maria Aurora in seinen Ansprüchen? Sie mochte Männer, die wussten, was sie wollten. Zeigte er ihr sein Dresden, das er zu verändern gedachte? Maria Aurora, die große Briefschreiberin, schweigt sich aus. Als sie nach Dresden kam, gab es noch nicht jene Bauten, die Dresden berühmt machen sollten: das Taschenbergpalais, Pöppelmanns und Permosers Zwinger, Bährs Frauenkirche, die neue steinerne Brücke, das Japanische Palais, die rechtselbische Königsstadt, Chiaveris Hofkirche und Longuelunes Blockhaus. Maria Aurora schien dem jungen Kurfürsten nicht unangenehm zu sein. Der englische Gesandte hielt am 27. August fest: „Der Kurfürst hat sie mit großer Aufmerksamkeit empfangen und zweimal in Gesellschaft seines Geheimrates Haxthausen in dessen Haus mit ihr soupiert." Maria Aurora kehrte aber dennoch bald nach Hamburg zurück. Und nun beginnt das große Fragen. Biographen und Historiker rätseln, wann die Liaison mit Friedrich August begonnen hat. Bereits im August 1694? Im Herbst oder gar erst im November? Als ob das so wichtig wäre. So viel darf angenommen werden: Die freundliche Aufnahme im August – Maria Aurora wohnte gar bei Hofe – muss sie zur Rückkehr bewogen haben. Maria Aurora war eine erfahrene Frau. Sie war etwas älter als Friedrich August. Ihr wird nicht entgangen sein, dass der Kurfürst an ihr Gefallen gefunden hatte. Biographen behaupten, dass sie sich sehr zurückhaltend gegeben habe. Angeblich hätte sie sogar die Hochachtung Christiane Eberhardines erworben. Diese Behauptung ist mit nichts belegt, also sehr fragwürdig. Christiane Eberhardine und Friedrich August hatten im Februar 1693 geheiratet. Sie waren demnach noch keine zwei Jahre zusammen. Aus den Briefen der Kurfürstin ist zu entnehmen, dass sie Friedrich August liebte, dass sie auf eine glückliche Ehe hoffte. Welcher Frau gefällt es, wenn ihr Mann einer anderen den Hof macht. Mit dieser Legende, die man Maria Aurora aus Sympathie anheftet, kann getrost gebrochen werden.

Die Ehen, die in den regierenden Häusern und unter dem Adel geschlossen wurden, waren in der Regel keine Liebesehen. Friedrich August stellt einige Jahre später in seinem Testament fest, dass die Ehe einem politischen Geschäft diene, der Bekundung freundschaftlicher Beziehungen zwischen Fürstenhäusern. Sie diene der Machterhaltung und -erweiterung und der Zeugung legitimer Erben.

Lassen wir alles Pathos beiseite, alle Erhabenheit, vergessen wir den Herkules, den man Friedrich August andichtete, betrachten wir einen Mann und eine Frau. Sie war älter, er war jünger; sie war die Überlegene, er der Ungestüme. Maria Aurora war schön, liebenswert, witzig, gewiss von erotischer Ausstrahlung. Er hatte sich in sie verliebt, er wollte sie haben. Er beschenkte sie. Das war so Pflicht, wenn man Frauen am Hofe den Hof machte. Maria Aurora wird es gefallen haben. Auch Mätressen wollen erobert werden.

Mercurius.

Friedrich August als „Mercurius" beim „Götteraufzug" 1695.

Mit der Königsmarck begann am Dresdner Hof der große Liebesreigen. Sie wurde die erste offizielle Mätresse Friedrich Augusts. Maria Auroras Bemühungen, Licht in das Verschwinden ihres Bruders Philipp zu bringen, blieben erfolglos. Zwar schickte der Kurfürst einen Beauftragten nach Hannover, zwar ließ er anfragen, was passiert sei. Aber das Nachforschen geschah mit wenig Nachdruck. Auch in Sachsen wollte man es nicht auf diplomatische Verwicklungen ankommen lassen. Ihn interessierte die Frau – nicht ihr Bruder; sie wollte er haben und keinen Ärger mit den Welfen. Hannover ließ ihm offiziell mitteilen, dass über Philipp nichts bekannt sei. Man wisse weder, wo er sich aufhalte, noch sei anderes bekannt. Er könnte „eher tot als lebendig" sein, hieß es in einer Depesche. (Erst in den dreißiger Jahren des 20 Jahrhunderts stellte sich endgültig heraus, dass Philipp ermordet worden war.) Friedrich August hatte getan, was er vermochte. Sie begriff schnell, er wollte nicht mehr an den Bruder erinnert werden. Solche Dinge waren ihm lästig. Und sie war klug genug, nicht weiter in ihn zu dringen. Dass sie schnell begriff, das wird er sein Leben lang an ihr schätzen.

Friedrich August ließ Maria Aurora in Dresden eine Wohnung einrichten. Den ersten großen Höhepunkt ihrer Liebe erlebten die beiden in Moritzburg. Was sich dort ereignete, weiß der große Legendenbilder Baron von Pöllnitz ausführlich zu berichten. Was Erfindung, was Wahrheit in seiner Schilderung ist, weiß niemand. Ein Sitten- und Zeitbild aber sind seine Geschichten allemal. Friedrich August soll dieses Liebesfest persönlich vorbereitet haben. Und er habe es vor seiner Christiane Eberhardine und vor Maria Aurora verheimlicht. Manche meinen, es sei das große Verführungsfest gewesen. „Als die Damen ausgestiegen waren (gemeint sind Aurora und ihre Schwester), führte sie Diana in einen mit Schildern geschmückten großen Saal, wo die vornehmsten Geschehnisse aus dem Leben dieser Göttin abgebildet waren. Diana befahl ihren Nymphen, Auroren zu speisen. Gleich öffnete sich der Boden in der Mitte des Zimmers, und siehe, aus der Tiefe stieg ein mit wohlschmeckenden Gerichten bedeckter Tisch. Als nun die Damen sich niederließen, wurden Töne von Haubois, Flöten und Schallmeien hörbar. Zugleich fanden sich der Gott Pan und andere Göttlichkeiten des Waldes ein: der Erste war der

Kurfürst selbst, und die anderen die galantesten Kavaliere des Hofes. Diana forderte Pan auf, neben der schönen Aurora Platz zu nehmen. Welche artigen Dinge brachte nicht jetzt diese Göttlichkeit bei ihr vor!

Mit welchem Eifer bemühte er sich nicht, ihr aufzuwarten. Welchen Anstrengungen unterwarf er sich nicht, um ihr zu gefallen." Mit Gondeln begibt sich der Kurfürst zu einer kleinen Insel. Dort war ein „ansehnliches Zelt aufgeschlagen. Sie traten hinein und fanden, dass es mit lauter türkischen Sachen erfüllt war. Als man nun wieder ans Land gekommen war, setzte sich der Kurfürst mit Mademoiselle von Königsmarck in eine offene Kalesche. An den Seiten war sie von Janitscharen zu Fuss und von den großen Würdenträgern des Serails zu Pferde umgeben, aber die Damen folgten in ähnlichen Kaleschen nach. Und also kam man beim Schlosse Moritzburg an.

Der Kurfürst führte Mademoiselle von Königsmarck nach dem Zimmer, das für sie angeordnet und mit großer Kostbarkeit ausgeschmückt war. Vor allem aber war das Bett mit bewundernswürdiger Kunst zubereitet. Es war mit dem roten Damast, der Aurora benannt wird, und mit breiten Silberborten behangen. An den Seiten sah man die Liebessage Aurorens und Tithons abgebildet. Die Vorhänge wurden in Fruchtgirlanden von Liebesgöttern gehalten, die das Bett mit Rosen, Anemonen und Mondblumen bestreuen zu wollen schienen.

Der Kurfürst küsste ihre Hand und ließ sie allein, um ihr Zeit zu geben sich umzukleiden, und auch um selbst die Tracht zu wechseln. Mademoiselle Königsmarck nahm nun das Gewand, das der Kurfürst ihr verehrt hatte, und das ihr so gut stand, dass sie niemals schöner gesehen worden war. Der Kurfürst seinerseits schmückte sich mit so viel Sorgfalt, wie ein Mensch, der da zu gefallen wünscht. Seine Tracht war mit Diamanten und Perlen verziert. Und als er vernommen hatte, dass Mademoiselle von Königsmarck fertig war, begab er sich zu ihr und sprach ihr seine unsägliche Dankbarkeit aus, weil sie sich so schön geschmückt hatte. Jetzt führte der Kurfürst sie nach der Komödie, wo Psyche dargestellt wurde.

Nach dem Schluß der Komödie fing die Tafel an. Als Mademoiselle von Königsmarck sich dort niedergelassen hatte, fand sie auf ihrem Teller einen Blumenstrauß von Diamanten, Robinen, Smaragden und Perlen, womit ihr angedeutet wurde, dass zu ihrer Ehre nach der Tafel der Tanz begonnen werden würde. Sie eröffnete ihn auch mit dem Kurfürsten. Und sie beide zogen die bewundernden Blicke aller auf sich. Man konnte nicht ermüden, sie zu betrachten. Alle Damen wünschten sich einen Liebhaber wie den Kurfürsten, und alle Mannspersonen eine Geliebte, die Mademoiselle von Königsmarck gleicht. Mit anderen Worten, dieser lange Festtag verging zur Freude der beiden Liebenden. Man sah sie aus dem Tanzsaal verschwinden, aber niemand tat, als ob er ihre Abwesenheit bemerkt hätte, denn man konnte gewißlich begreifen, dass sie gern allein zu sein wünschten."

Hat Maria Aurora die Moritzburger Tage genossen? Hat sie Friedrich August in diesen bunten Tagen geliebt? Hat sie sich gar dem Traum hingegeben, sie könnten dauern? Sie, die große Briefschreiberin, gibt uns keine Auskunft.

Das neue Jahr wartete mit weiteren Höhepunkten auf. Die Karnevalzeit rückte heran. Friedrich August griff selbst in die Gestaltung der Feste ein.

Am 13. Januar 1695 begann der Karneval mit einem Ball zu Hofe. Die Damen hatten bereits um sechs Uhr zu erscheinen. Fast immer standen Maria Aurora und Friedrich August im Mittelpunkt des Treibens. Vier Wochen lang wurde gefeiert. Es gab Maskeraden. So verkleideten sich zum Beispiel die Damen und Herren als Bauern. Rennen fanden statt und Assemblee am Hofe.

Gäste fanden sich ein, darunter Herzog Ludwig Rudolf zu Braunschweig-Wolfenbüttel. Friedrich August zeigte allen (in einer naiven Weise), dass er Maria Aurora erobert hatte, dass er sie begehrte. Selbst als sie an der Seite Ludwig Rudolfs im Aufzug der Nationen als Spanierin verkleidet ging, blieb der Kurfürst an ihrer Seite. Er hatte nur Augen für sie. Mal ging sie als Schwarzwälder Bäuerin und er als Bauer, mal zeigte sie sich als Göttin und er sich als Gott, oder sie schritt an der Seite eines gewissen Kammerherrn von Calmberk als Handwerksfrau. In Dresden wurden Wetten abgeschlossen, wie lange die Liaison dauern würde. Es war bekannt, dass der Kurfürst nach Karlsbad zu reisen gedachte. Mit Maria Aurora? Das Fest schloss am 9. Februar mit einer „Bären-Hatze, Sau-Jagen und Fux-Prellen".

Friedrich Augusts erster Karneval im Februar 1695 ließ die Wittelsbacher, die Hohenzollern und die Welfen aufhorchen. Der Wettiner schien ihnen vorführen zu wollen, wie man Feste feierte. Und die Höfe hatten ihren Klatsch: die Schwedin in den Armen des Sachsen, die Vielumworbene die Mätresse des Wettiners. In Bayreuth war man voller Kummer. Die fürstlichen Eltern sorgten sich um ihre Tochter. Es war wohl doch ein Fehler gewesen, dass sie ihm Christiane Eberhardine zur Frau gegeben hatten.

Das Frühjahr nahte, das erste Frühjahr, das Maria Aurora in Dresden erlebte. Der Fluss trug hohes Wasser, und die Höhen wogten im Grün. Sie hatte Freude an der Japanischen Kirsche, die vor ihrer Wohnung blühte. Dieses zarte schäumende Rot. Sie hatte sich eine Blüte ins Haar gesteckt. Das hatte ihm gefallen. Der Kurfürst besuchte sie fast jeden Tag. Aber sie war unruhig. Noch hatte er nichts von Karlsbad gesagt. Die Zeit seiner Abreise rückte heran. Er hatte sie nur wissen lassen, dass er von Karlsbad gleich weiter nach Wien fahren werde. Der Kaiser erwartete ihn. Er, Friedrich August, sollte gegen die Türken kämpfen, die wieder rege geworden waren. Fuhr er ohne sie, würde sie sich verlassen vorkommen. Sie machte sich nichts vor. Ohne ihn würde sie am Hof nur gelitten sein. Sie wartete. Aber dann erklärte er sich ihr, überschwenglich, wirbelte mit ihr durch das Zimmer. Dass sie gezweifelt hatte. Es sprach sich schnell herum, dass der Kurfürst mit Maria Aurora reiste.

Das böhmische Karlsbad war Ende des 17. Jahrhunderts bereits ein mondäner Badeort für zahlungskräftige Fürsten und andere. Karlsbad im Frühling. Die grünen Höhen, die schmucken, sauberen Häuser, die gepflasterten Straßen. Sie sah das alles, als sie in die Stadt einfuhren. Bestimmt hat sie Glück empfunden.

Sie bezog eine eigene Wohnung: „drei Stuben, drei Kammern, zwei Kammern für Bedienung". Fast täglich aß sie mit Friedrich August. Es gab keine Anzeichen, dass er unaufmerksam wurde. Warum sie nur immer so angespannt beobachtete? Liebte sie ihn? Oder gab sie sich nur diesem Glücksgefühl hin, umworben zu sein? Sie hatte zu viel erlebt, um sich völlig auszuliefern. Wie sehr er sie auch mochte, sie blieb seine Mätresse und von seiner Zuneigung abhängig. Wenn sie erlosch, dann hatte sie sich still zurückzuziehen. Darauf musste sie vorbereitet sein. Sie freute sich auf den Abend, sie würde alles tun, um ihm zu gefallen. Frauenlos, verachtungswürdig, aber Frauenlos. Ach, sie las zu viel, sie dachte zu viel. Das hatte alle Männer gestört.

Über den Aufenthalt Friedrich Augusts in Karlsbad gibt es einen Bericht des englischen Gesandten Stepney vom 14. Juni 1695: „Wir vertreiben hier unsere Zeit so lustig wie möglich. Wir haben ein Haus gebaut, das 2000 Gulden kostet und das nicht länger sein soll als Jonas Kürbis. Es ist von italienischer Erfindung mit vier Retiraden, halbdunklen Winkeln, Ruhebetten und allen anderen lockeren Bequemlichkeiten, welche die Liebschaft erleichtern können. Wir haben aus Dresden sechs Wagen mit Kronen und Spiegeln zur Ausschmückung des Hauses erhalten, und den 16. werden wir eine Maskerade veranstalten, bei der die Königsmarck die Diana vorstellen wird, wobei sechs Nymphen ihr aufwarten werden. Ich kann nicht sagen, wem wohl die Rolle Actaeons zugeteilt werden wird, aber ich kann darauf schwören, dass ihm, noch bevor die Nacht zu Ende ist, ein Horn ausgesetzt wird, denn dies ist, so weit ich es verstehe, die Hauptsache bei den Lustbarkeiten."

Etwa zwei Monate blieb die Gesellschaft in Karlsbad. Danach reiste Friedrich August nach Wien ab.

Maria Aurora begleitete den Kurfürsten ein Stück des Weges. Manche Biographen behaupten, dass sie bis nach Wien bei ihm blieb. Das ist unwahrscheinlich. Zumindest gibt es dafür keine Beweise. Hatte sie Angst um ihn, als er sich auf die Reise machte? Ungefährlich war es nicht, was er vorhatte. Er sollte im Auftrag des Kaisers die Türken besiegen, er wollte Feldherrenruhm. Er hatte sich vor ihr dargestellt, furchtlos und etwas töricht, vor allem aber ehrgeizig. Schon sein Vater Georg III. hatte gegen die Türken gekämpft. Kurz vor dem Sturm der Osmanen auf Wien waren Johann Georg und der polnische König Jan Sobieski mit einem Entsatzheer vor der Hauptstadt des Kaisers angelangt. Es war höchste Zeit gewesen. Schon schickten sich die Osmanen an, die abendländische Feste zu nehmen. Da griffen die Verbündeten, die Bayern, Polen, die Sachsen, an – die Osmanen standen zum letzten Mal vor Wien. Sie verließen für immer dieses Schlachtfeld, stark angeschlagen. Sie war seiner Schilderung gefolgt, mit steigender Ablehnung. Sie mochte den Krieg nicht, sie mochte keine Kämpfe, sie konnte den Schlachten der Männer nichts abgewinnen. Zu viele Königsmarcks waren auf den Kampffeldern Europas geblieben. Der Krieg war ein rohes Geschäft. Sie hatte geschwiegen, er hätte sie nicht verstanden. Er träumte von Erfolgen und Siegen, sah sich schon vom Kaiser erhöht. Wien würde ihn als Türkenbezwinger feiern. Und plötzlich war ihr bewusst geworden, dass in seinen Gedanken kein Platz für sie war. Und sie hatte sich gefragt: Wie lange wird das noch gehen? Es war völlig ungewiss, wann er zurückkehren würde. Noch vor dem Winter, hatte er gesagt. Im Winter wurde damals nicht gekämpft.

Maria Aurora reiste nach Dresden zurück. Friedrich August hatte ihr auf der Wilsdruffer Straße eine Wohnung einrichten lassen. Am Hofe hielt sie sich selten auf. Ohne den Kurfürsten war sie dort weniger erwünscht. Gelegentlich überbrachten Kuriere Nachrichten. Leopold I., der deutsche Kaiser, hatte Friedrich August mit großen Ehren empfangen. Wien hatte sich befleißigt, den künftigen Befehlshaber der kaiserlichen Armee in Stimmung zu halten. Empfänge und Feste hatte es gegeben. Das wird ihm gefallen haben, ihrem Friedrich August.

In stillen Stunden fragte sich Aurora, was sie erreicht hatte. Sie war die Geliebte des Kurfürsten. Das wusste alle Welt. Sie wurde beneidet, weil sie die Zuneigung dieses Mannes besaß. Das Schicksal ihres Bruders aber blieb unaufgeklärt. Vielleicht war er tot. Ihr Versuch, in Quedlinburg als Äbtissin Fuß zu fassen, um sich Stellung und Einnahmen zu sichern, war nicht über Anfänge und freundliche Worte hinausgekommen. Friedrich August, der Schutzherr dieses Stiftes, hatte ihr Unterstützung zugesagt. Sogar in Wien wollte er

August der Starke ließ das Moritzburger Schloss von 1723 bis 1733 nach
Plänen von Oberlandbaumeister Matthäus Daniel Pöppelmann unter

Einbeziehung der umliegenden Landschaft zu einem repräsentativen Jagd-
und Lustschloss umbauen.

sich für sie beim Kaiser verwenden, denn auch er, der Kaiser, musste ihrer Ernennung zustimmen. Sie wird nach Quedlinburg fahren müssen, um die frommen Damen für sich zu gewinnen.

Während Maria Aurora in Dresden über ihr künftiges Schicksal nachsann, versuchte Friedrich August, seinen Jugendtraum zu erfüllen. Er wollte Feldherrenruhm, wollte Feldherrenlorbeer. Von seinen Siegen sollten die Höfe sprechen.

Die Osmanen taten dem Wettiner nicht den Gefallen. Ihr Befehlshaber Mustafa II. war ein Mann von schnellen Entschlüssen. Er nutzte jedes Zögern, jede Schwäche der Kaiserlichen aus und setzte sofort nach. Zu langsam entschieden die Generale des Kaisers, zu schwerfällig bewegte sich die Armee. Noch ehe sich die Kaiserlichen zum Angriff stellten, war ihr Heer geteilt. Am 21. September griffen die Osmanen an. Es heißt, mit vierfacher Übermacht. 5000 Kaiserliche blieben auf dem Schlachtfeld liegen, mit ihnen der Feldmarschall Veterani. Die kaiserliche Armee flüchtete und zog sich an die Donau zurück. Der Krieg hatte eine Atempause. Friedrich Augusts Soldatenlorbeer war dürr ausgefallen. Ob er es so deutlich sah, ist nirgends belegt. In Wien ließ er sich dennoch als Türkenbezwinger feiern.

Der Herbst ging vorbei, der Winter nahte. Maria Aurora wartete. Der sächsische Kurfürst hielt sich in Wien auf. Aber es hieß, dass er seine Rückkehr nach Dresden vorbereitete. In der Residenz wurde er dringend erwartet. Staatsgeschäfte mussten erledigt werden. Der Geheime Rat waltete und schaltete, wie er wollte. Friedrich Augusts Abwesenheit bekam dem Kurfürstentum nicht.

Maria Aurora kaufte bei ihrem Lieferanten „Goldt-Mohr", „Holländischen Samt und Daft". Sie ließ die Schneider kommen. Sie wollte schön sein, sie wollte gefallen, wenn er eintraf. Sie wartete, sie wartete mit Gelassenheit, sie wusste, sie konnte nichts erzwingen.

Dann war er plötzlich da. Unangemeldet. Er besuchte Christiane Eberhardine, kurz, offiziell, aber er gab sich liebenswürdig. Niemand sollte an seiner Verehrung für seine Frau zweifeln. Dann kam er zu Maria Aurora – strahlend, der Sieger, der Türkenbezwinger. Sie sah es, er wollte sie, wollte sie heftig. Sie hatte den Neid der Götter befürchtet. Sie waren ihr gnädig. Lachend, ernst, stark stand er vor ihr. Auch sie wollte ihn.

Die Gesandten am sächsischen Hof berichteten, dass der Kurfürst wieder mit der Königsmarck liege. Sie war wieder gefragt. Man bemühte sich um ihre Gunst. Ihr standen die Türen zum Kurfürsten offen. Sie öffnete das Samtkästchen, das sie wie ein Geheimnis behütete. Der Spiegel war unbestechlich. Sie war dennoch mit ihrem Aussehen zufrieden. Sie verbarg das Kästchen. Sie nutzte die Gunst der Wochen, drängte vorsichtig Friedrich August, sich für sie bei der Äbtissin in Quedlinburg zu verwenden. Er versprach es. Wenn sie bei ihm war, versprach er alles. Aber sie wusste auch, dass er schnell vergaß, wenn er aus ihren Armen war.

Es muss ein schönes Verhältnis gewesen sein, die klügere, erfahrene Frau und der junge Friedrich August. Lassen wir den Sohn Haxthausens sprechen. Was er festhielt, will er von Fatime, die sich angeblich bei Maria Aurora aufhielt, erfahren haben: Sie täten nichts anderes, schreibt er, „als wie Kinder zusammen zu scherzen und zu spielen. Die Königsmarck hatte unendlich viel Geist und war sich immer gleich und amusant, hatte immer ein neues Amusement, das entzückte. Sie besaß alle Routine, einen jungen Fürsten zu bezaubern, der für die Ausschweifungen geschaffen, dagegen in der Kunst, mit delicatesse und plaisir zu lieben, ein arger Neuling war".

Die Zeit, die der Kurfürst und Maria Aurora füreinander hatten, war erneut bemessen. Wieder rief ihn der Kaiser, wieder reiste er nach Wien. Für seine Truppen, die er mitführte, kassierte Friedrich August 400 000 Taler Subsidien. Es kam zur Schlacht an der Bega. Sie ging für die Kaiserlichen und den Wettiner leidlich aus. Kein Sieg, aber auch keine Niederlage.

Maria Aurora lebte in Dresden. Es war früher Sommer, als der Kurfürst abgereist war. Es war ihr Sommer gewesen, und sie hatte noch einmal Glück empfunden. Offenbar die Götter auch. Verschwieg Aurora Friedrich August ihre Schwangerschaft? Sie muss es gewusst haben, noch ehe der Kurfürst zum zweiten Mal gegen die Türken zog. Oder hat sie sich ihm offenbart? Alles spricht dagegen. Keine Notiz, keine Briefstelle, sie muss im vierten Monat gewesen sein. Wenn sie die Schwangerschaft verborgen hatte, warum? Wollte sie ihn nicht belasten? Denn er ging in den Krieg und wollte als Sieger wiederkehren. Oder kalkulierte sie kühl? Sehr oft wurden Kinder von Mätressen zum Stein des Anstoßes, leiteten das Ende einer Beziehung ein. 1696 hatte Maria Aurora noch nichts in der Hand. Ihre finanzielle Situation blieb prekär. Sie benötigte eine Stellung, die sie finanziell absicherte. Quedlinburg konnte dies bieten. Der Kurfürst hatte zwar den frommen Damen seine Wünsche mitteilen lassen, entschieden aber war nichts. Jedenfalls verheimlichte Maria Aurora ihre Schwangerschaft in Dresden. Als sie nicht mehr zu verdecken war, verließ sie die Residenz, vielleicht auch aus anderem Grund: Längst war bekannt, dass auch die Kurfürstin Christiane Eberhardine ein Kind erwartete. Wenn es stimmte, was der Hofklatsch berichtete, musste die Kurfürstin annähernd so lange schwanger sein wie Aurora. Vielleicht wollte sich Aurora diese Peinlichkeit ersparen, zur gleichen Zeit zu gebären, vielleicht auch der anderen Frau, der Kurfürstin. Sie schien ohnehin nicht sehr glücklich zu sein. Manchmal – das ist belegt – tat ihr die andere Leid. Aber das war wohl das Los der Angetrauten; sie wurden nicht geliebt, sie hatten für Nachwuchs zu sorgen.

Es wussten nur wenige, wohin Aurora reiste. Und das auch nicht mit Sicherheit. Die Schwedin hielt sich in verschiedenen Orten auf. Ihr Sohn wurde am 21. Oktober in Goslar geboren. Im Taufregister der Marktkirche hielt der Superintendent Henrici fest: „Den achtundzwanzigsten October im Jahre Sechzehnhundert-sechsundneunzig, abends zwischen sieben und acht Uhr, ist von der vornehmen Frau in N. Heinrich Christoph Winkels Haus ein Söhnchen geboren, und den 30. ejusd. getauft, des Abends im Hause von M. S. Alb, und mit dem Namen Mauritius dem Herrn Jesu einverleibt. Gevatter haben gestanden Hr. Dr. Trumph, R. R. Dufings und R. Heinrich Christoph Winkel."

Maria Aurora schickte einen Kurier nach Wien: von Dresden brach ein zweiter auf, ebenfalls in die Kaiserstadt. Der Kurfürst erfuhr, dass er gleich zweimal Vater geworden war. Das schien ihn

Der Entwurf zum Umbau des Jagdschlosses Moritzburg.
Orginalhandzeichung von Pöppelmann im Maßstab 1:150.

nicht sonderlich aufzuregen. Er ließ sich mit der Rückkehr nach Dresden Zeit. Wien war nach seinem Geschmack, hier ließ es sich feiern. Das Feiern hatte er nach den Strapazen des Feldzuges verdient. Und: Eine andere Frau hatte sein Interesse gefunden. Er wollte sich nicht von ihr verabschieden. Der Kurfürst war in Nöten: Hier die Wienerin, zu Hause Eberhardine mit dem Kurprinzen. Immerhin hatte sie ihm einen Kurprinzen geschenkt. Zu Hause auch Maria Aurora, mit seinem zweiten Sohn. Friedrich August war nicht der Mann, der deshalb Trübsal blies. Das eine war geschehen. Auf die Wienerin wollte er nicht verzichten. Er beschloss, sie nach Dresden mitzunehmen. Man würde sich dort abfinden müssen.

Gab Maria Aurora ihre anfängliche Vorsicht bald auf, weil Friedrich August nicht reagierte? Jedenfalls kann sie es nur gewesen sein, die das Geheimnis um die Geburt lüftete. Die europäischen Höfe hatten ihren Klatsch. Bereits am 4. Dezember schrieb die Kurfürstin Sophie von Hannover, einst eine Vertraute Auroras: „Alles, was man mir von Königsmarckin hatte geschrieben, war nur Mutmaßung, aber nun ist sicher, dass sie zu Goßlar, einer Reichsstadt beim Harz, von einem Sohn niederkommen ist; sie soll gesagt haben, nun hätte sie ihre Wette gewonnen. Sie ist nun schon wieder zu Dresden. Der Kurfürst von Sachsen ist auf der Post da wieder angelangt, hat denselbigen Tag, nachdem er bei seiner Gemahlin ist gewesen, im Ballhaus gespielt und nach dem Ring gerannt, ohne zu der Königsmarckin zu gehen, will vielleicht seiner Mätresse zu Wien keine Jalousie geben." Wilhelmine von Brandenburg-Bayreuth, die Schwester Friedrichs des Großen, nimmt ebenfalls Anteil: dass Friedrich August „also auffeinmahl zwey söhne daher gesetzt bekam", das war eine Sensation. „Man hatte lange geglaubt, dass er keine Kinder zeugen könne." Und die Herzogin von Orleans, bekannter als Liselotte von der Pfalz, hielt am 2. Januar 1697 fest: „Die Aurora Königsmarckin muß eine wunderliche Creatur sein und ganz ohne schamhaftigkeit, dass sie bürgermeister und in einer Stadt zu zeugen nimbt, wie sie einen bastard auff die Welt bringt. Mich deucht, Teutschland wird ganz anders, alß es zu meiner Zeit war, denn von solchen unverschämbten sachen habe ich nie gehört ..." Die entrüstete Liselotte, sie schien nicht mehr ganz im Bilde zu sein. Längst war es auch in Deutschland, war es an den Fürstenhöfen, ob großen oder kleinen, üblich geworden, sich Mätressen zu halten. In Frankreich schon seit langem. Warum also diese Entrüstung? Fast scheint es, dass die liebe Liselotte in zunehmendem Maße und mit zunehmendem Alter zu kurz kam.

Maria Aurora bereitete ihre Rückkehr nach Dresden vor. Obschon sie keine Nachricht von Friedrich August erhalten hatte, wird sie nicht ganz ohne Hoffnung gewesen sein. Es hieß, der Kurfürst sei wieder aus Wien zurückgekehrt.

Niemand warnte sie, als sie in der Residenz anlangte. Sie sah ihren Friedrich August an der Seite einer anderen Frau. Das wird sie verletzt haben. Aber sie hatte sich in der Hand. Zuneigung war nicht zu erzwingen. Und Verhältnisse solcher Art – das hatte sie schon vorher in Hannover erfahren – hielten meist nicht lange. Es war ihr Problem, dass sie sich auf den Wettiner eingelassen hatte. Jetzt, da sie die Wienerin im vertrauten Umgang mit dem Kurfürsten erlebte, war sie nicht einmal sicher, ob sie ihn geliebt

Rätselhaft bleibt die Herkunft des Paradebettes August des Starken. Historiker schwanken zwischen einem Geschenk des spanischen Königs, einem mexikanischen Königsthron oder dem Teil eines indischen Palastes.

hatte. Sie öffnete ihr kleines Samtkästchen und befragte den Spiegel. Beruhigt legte sie ihn wieder zurück. Sie würde kühl und liebenswürdig bleiben. Die andere Frau ging sie nichts an. Verletzter Stolz war fehl am Platz. Sie kannte ihren Friedrich gut genug. Wenn er das Gefühl hatte, im Unrecht zu sein, dann vergaß er seine Liebenswürdigkeit. Seine Gunst wollte sie sich erhalten. Sie hatte einen Sohn von ihm. Sie wird ihn mahnen müssen, dass er sich für Moritz verantwortlich fühlt, ihn anerkennt. Und: Sie wollte Äbtissin werden. Das vor allem war dringend. Sie lächelte liebenswürdig, nahm das Getuschel hochmütig zur Kenntnis. Sie war eine Königsmarck. Glanz und Niederlage sind zwei ungleiche Schwestern. Aber das ging nur sie etwas an.

Ich stelle mir vor: Friedrich August dankte es ihr, zeichnete sie vor allen aus, indem er sich laut und deutlich nach ihrem Wohlbefinden erkundigte. Es gehe ihr ausgezeichnet, antwortet sie, strahlend, liebenswürdig. Wir haben zu reden, Gräfin, sagte er und verbeugt sich, guter Laune. Die andere, die Wienerin, sah dies mit wachsender Unruhe. Aber dann war er wieder an ihrer Seite.

Es ist quellenmäßig belegt: Maria Aurora von Königsmarck machte dem Kurfürsten keine Szene. Es heißt sogar, dass sie der Esterle, der neuen Geliebten Friedrich Augusts, kühl, aber freundlich begegnete. Nur auf einem bestand sie. Sie drängte auf die offizielle Anerkennung ihres Sohnes und bat um die Äbtissinstelle. Er versprach es. Aber sicher war sie nicht. In Bedrängnis geraten, versprach er viel.

Maria Aurora blieb in Dresden. Am Hof hielt sie sich seltener auf. Zu Festen wurde sie geladen. Für eine abgelegte Mätresse, berichtet ein Zeitgenosse voller Bewunderung, hielt sie sich gut. Einer meinte es ernst mit ihr, Herzog Christian Ulrich von Württemberg. Er hielt um ihre Hand an. Aus der Bewerbung wurde nichts. Es heißt, Friedrich August hätte einer solchen Verbindung nicht zugestimmt. Wenn dies stimmt – warum? Ihm konnte es doch gleichgültig sein, mit wem sich Maria Aurora künftig vergnügte. Leider ist nicht bekannt, wie sich Maria Aurora zu Christian Ulrich stellte. Vermuten darf man mit Sicherheit nur eines: Verärgern wollte sie den Kurfürsten nicht. Zu viel hing von ihm ab: ihre künftige Existenz, die Erziehung ihres Sohnes. Eine unsichere Zukunft lag vor ihr. Sie wurde wieder von Ratlosigkeit erfasst, sie reiste, gab Geld aus, machte Schulden.

Die Zeitenläufe brachten es mit sich: Sie wird Friedrich August noch einmal sehr gelegen kommen und eine gefährliche Mission übernehmen. Und der Kurfürst, dann schon König von Polen, wird sich nicht zu schade sein, sich einer Frau, seiner einstigen Geliebten, zu bedienen.

Wiener Blut

Die Esterle verdrängte Maria Aurora von Königsmarck, heißt es. Die neue Geliebte soll groß gewesen sein und blond, eine Wienerin, lebenslustig, charmant. Ihr Alter ist nicht bekannt, sie soll eine Gräfin gewesen sein. In einem Porträt wird sie beschrieben: „Eine Miniatur der Epoche zeigt sie uns als eine jener Schönheiten der Donaumonarchie, an deren besonderem Reiz einige Kronländer beteiligt zu sein schienen. Das Gesicht, nicht bedeutend, ist hübsch, ja sogar lasziv und wird von großen Augen beherrscht. Mund und Kinnpartie wirken mit den kleinen Ohren beinahe orientalisch, so dass man sie sich als Typus recht gut in der Mitte zwischen der nordischen Schönheit der Königsmarck und der Türkin Fatime vorstellen kann." Biographen wollen wissen, dass die Esterle, die auch unter dem Namen Gräfin Lamberg bekannt geworden ist, Friedrich August von Anfang an nicht sehr ernst genommen habe. Auf Ewigkeit hätte sie nicht gebaut. Ein sympathischer Zug, denn an Ewigkeiten glaubte man am Wiener Hof ohnehin nicht. Der Esterle wird vorgeworfen, dass sie berechnend, hochfahrend gewesen sei, auf ihren Vorteil bedacht, auf Glanz und Ruhm aus. Und teuer wie keine andere Mätresse. Moralistenstandpunkte sind das, zumal von Männern vorgetragen. Teuer waren Mätressen. Sie mussten versorgt werden. Offizielle Mätressen standen im Rang über den Ministern. Ja, sollten die Damen denn im Schlafrock Gesandte, Fürsten empfangen? Jeder Souverän, der sich eine Mätresse hielt, musste sie finanziell versorgen. So war es Sitte an den barocken Höfen, in den Zeiten absolutistischer Herrschaft.

Friedrich August lernte die Esterle in Wien kennen. Nach monatelangen Feldlagern und unberechenbaren Türken hatte er es sich verdient, dass ihn eine Frau in die Arme nahm. Wann die Liaison begann, ist unbekannt. Vielleicht tröstete sie ihn schon während seines ersten Wienaufenthalts, mit Sicherheit aber vor seinem zweiten Feldzug gegen die frechen Türken und danach. Die Wienerin wird ihm Mut gemacht haben, als er von den gefährlichen Türken sprach. Vielleicht zeigte er ihr sogar seine Male, die er sich in Gefechten geholt hatte. Sie wird ihn bewundert haben. Und bewundern ließ sich Friedrich August gern (er wusste von dieser

Die Esterle, Friedrich Augusts Geliebte aus Wien.

unausrottbaren Schwäche). Er wird der Wienerin gefallen haben. Er war 26 Jahre alt, ansehnlich, temperamentvoll. Es ist anzunehmen, dass ihr Mann entschieden älter war und sicher knapper bei Kasse als der Kurfürst. Und ihr wird nicht entgangen sein, dass der Sachse im besten Einvernehmen mit dem Erzherzog Joseph stand, dem Thronfolger. Sie war also in hoher Gesellschaft. In der Hofburg verstand man zu feiern. Der Wein, die Kronleuchter, der Kerzenschein sorgten für Stimmung und Liebesbereitschaft. Auf einem dieser Bälle wird er für sie entbrannt sein (und sie für ihn). Mein Gott, welcher Frau schlug schon die Stunde, sich in einen Kurfürsten zu verlieben, sich von ihm beschenken zu lassen. Sie wird ihren Helden getröstet haben, als ihm die alten Generale des Kaisers vorwarfen, dass er betrunken gewesen sei, als die Schlacht gegen die Türken begann. Alle Schuld hatten die verknöcherten Soldaten des Kaisers auf den Wettiner abgewälzt. Das war ihm zu viel gewesen. Unmissverständlich war seine Erklärung ausgefallen. Nimmer sei er schuld an dem unglücklichen Verlauf der Schlacht. Und da er es offenbar satt hatte, für den Kaiser den Kopf hinzuhalten, gab er den Oberbefehl ab. Gewiss hat sie ihn getröstet, und gewiss hat er viel Trost benötigt. Ist es da nicht zu verstehen, dass ihn die Nachricht von der Geburt zweier Söhne nicht allzusehr aufregte? Wenn sie gesund waren, blieben sie ihm erhalten.

Es ist verbürgt, dass Friedrich August die Rückreise nach Dresden einige Male verschob. Das teilte Maria Auroras Schwager, Löwenhaupt, mehrfach aus Wien mit. Friedrich August fühlte sich am Wiener Hof wohl. In Dresden erwartete ihn nur Arbeit. Die Sachsen murrten über seine häufige Abwesenheit. Die Stände widersetzten sich ihm, verweigerten zusätzliche Steuerzahlungen, wachten, dass er seine Armee nicht vergrößerte. Er dachte an Eberhardine. Sie erwartet ihn, hatte sie wissen lassen. Sie hing an ihm, aber er, er liebte sie nicht. Unwohl war ihm, wenn er an Dresden dachte. Aber es nutzte nichts. Er musste sich von Wien trennen. Und was fing er mit ihr an? Sie schien schon lange auf eine Entscheidung zu warten. Er wollte nicht auf sie verzichten. Er dachte an die Königsmarck. Wie würde sie es aufnehmen? Seine Mutter? Seine Frau? Er sprach mit Joseph. Der grinste. Sie verstanden sich immer besser. Und der riet ihm, die Esterle mitzunehmen. Sie werden es schon schlucken. Du bist der Fürst. Sie haben keine Wahl.

Er teilte es ihr mit. Sie strahlte. Sie legte den Fächer beiseite. Sie kam auf ihn zu, beugte sich zu ihm herab. Diese Eindeutigkeit, das liebte er an ihr. Wien lag dem Süden näher als sein kühles Dresden. Hier war mehr Heiterkeit. Er reiste mit der Esterle ab. So könnte es gewesen sein – oder so.

Keine Affäre Friedrich Augusts kommt ohne Schwierigkeiten und Ärgernisse aus.

Die Gräfin Esterle, geborene von Lamberg, war verheiratet. Ihr Mann überraschte die beiden und schlug Krach. Sein untreues Weib floh in die sächsische Gesandtschaft. Eine peinliche Situation war entstanden. Esterle stand in kaiserlichen Diensten. Er beschwerte sich über das ungehörige Benehmen des Gastes. Eine Lösung musste gefunden werden. Dukaten halfen. Esterle erhielt eine Pension von 2 000 Dukaten. Dafür musste er sich – so weiß es Pöllnitz – verpflichten, aller ehelichen Rechte zu entsagen und mögliche Kinder als seine anzuerkennen. Andere Quellen berichten, dass Beichling, Augusts Vermittler, dem Österreicher eine gehobene Stellung im sächsischen Dienst angeboten hätte. Er soll dieses Angebot angenommen haben. Im Krieg gegen die Schweden hätte sich Esterle an der Seite Friedrich Augusts ausgezeichnet. Wahr oder unwahr? Gesichert ist: Im Dezember kehrte Friedrich August über Prag in seine Residenz zurück. An seiner Seite die elegante Wienerin.

Wird ihr das kleine Dresden gefallen haben? Sehr einladend sah die Stadt zu dieser Zeit nicht aus. Teile des Schlosses waren baufällig. Die Straßen waren dunkel und unbeleuchtet. Aber der Kurfürst sorgte großzügig für die Esterle. Das gab den Ausschlag. Und vor allem dies: Sie hatte von der Königsmarck Schwierigkeiten erwartet. Immerhin hatte sie dem Kurfürsten einen Sohn geboren. Die Schwedin war klug, machte keine Szenen; das anerkannte die Wienerin. Und da der Kurfürst nur Augen für sie hatte, ertrug sie auch das kleine Dresden gelassen.

Friedrich August stellte – das ist verbürgt – die Esterle Eberhardine und seiner Mutter vor. Der kurze Empfang war frostig. Die beiden Frauen mochten die Wienerin auf den ersten Blick nicht. Die eine, angetraute Frau und Mutter des Thronfolgers, störten der Hochmut und die zur Schau getragene Wiener Eleganz. Die andere, Mutter Friedrich Augusts, ertrug es immer weniger, dass der Sohn die Ehesakramente leichtfertig brach. Sie trug sich schon länger mit dem Gedanken, den Hof zu verlassen. Die neue Affäre ihres Sohnes bestärkte sie darin.

Die Esterle genoss ihre neue Stellung. Sie fühlte sich als erste Dame am Hof. Gesandte und Gäste erwiesen ihr die Ehre. Der Kurfürst war großzügig. Sie tat alles, dass es so blieb. Was wusste sie, wie lange seine Zuneigung anhalten würde. Das Schicksal Auroras vor Augen, war sie gewarnt. Heimlich ließ sie Aurora beobachten. Sie wollte es nicht glauben, dass die Frau so kampflos das Feld räumte. Sie hätte es nicht getan. Aber ihre Späher berichteten nichts Aufregendes. Das machte sie vollends sicher. Es gab keine Rivalin.

Die Esterle erlebte den ersten Frühling in Dresden. Die Zuneigung Friedrich Augusts schien ungebrochen. Zum Karneval hatte er kein Auge von ihr gelassen. Und nun blühten die Bäume im Tal, und der Fluss führte reichlich Wasser. Sie hatte sich an die Stadt gewöhnt. Nur manchmal hatte sie Sehnsucht nach Wien.

Anfang Mai 1697 überraschte sie der Kurfürst mit der Nachricht, dass er nach Wien reisen werde. Er gab sich wortkarg, fast verschlossen. Dennoch bat sie, ihn begleiten zu dürfen. Er lehnte ab, kurz. Diese Entschiedenheit kannte sie. Sie schwieg, mit Groll im Herzen. Sie wäre so gern in Wien gewesen, besonders jetzt im Frühling. Aber gegen seinen Willen wagte sie nicht zu reisen.

Bevor Friedrich August aufbrach, kam er noch einmal zu ihr. Diesmal war er aufgeräumt, gar fröhlich. Er versprach, schnell zurückzukehren. Und sie dachte an Wien, an den Hof, an die Bälle. Sie glaubte ihm nicht. Sie wusste, dass er gern in Wien war. Aber sie verbarg ihre Gedanken. Sie wollte ihn nicht verstimmen. Schon im Gehen, machte er eine Andeutung: Es könne sein, dass Außerordentliches passiere. Sie war neugierig, er überließ sie ihrer Neugier. Er drückte sie, flüchtig, zu flüchtig, wie es ihr erschien. In Gedanken eilte er schon Wien entgegen, hatte keinen Blick mehr für sie. Und die Esterle begriff in aller Schärfe die Laune des Glücks. Was war, wenn er in Wien einer anderen begegnete? Dann erging es ihr wie der Königsmarck. Daran wollte sie künftig öfter denken.

Die Quellen berichten: Friedrich August reiste völlig unangekündigt im Mai 1697 in die Kaiserstadt. Mit sehr kleinem Staat. Niemand kannte den Grund der Reise, nicht einmal seine engsten Vertrauten. Niemand brachte seine Reise mit Polen in Zusammenhang.

Nach seiner Ankunft begab er sich sofort zum Kaiser. Was dort beredet wurde, kann nur vermutet werden. Aber der erste Juni gibt Auskunft. Der protestantische Kurfürst von Sachsen, Friedrich August I. , trat in Baden bei Wien zum katholischen Glauben über. Damit erfüllte er die wichtigste Voraussetzung für einen polnischen König: Er musste katholisch sein. Der Übertritt zum Katholizismus wurde vorerst geheim gehalten, auch der Grund des Übertritts. Ging es mit der Bewerbung um die polnische Krone schief, mussten es die sächsischen Protestanten nicht erfahren. Hatte er Erfolg, würde es ohnehin viel Ärger geben.

Friedrich August kannte seine eifernden Protestanten. Sie würden nicht begreifen, dass er einer fremden Krone wegen den Glauben ihrer Urväter verraten hatte.

Diesmal hatte es Friedrich August sehr eilig, nach Dresden zurückzukehren. Von Wien aus hatte er seinen besten Mann, Flemming, nach Warschau geschickt. Er sollte erkunden, wie sich der polnische Adel zu einer Bewerbung des Wettiners stellen würde. Friedrich August war voller Unruhe, als er Dresden entgegenfuhr. Für Prag hatte er nicht mal einen Blick, obwohl er die alte Brücke über die Moldau liebte. Er machte nur kurz Station. Mit neuen Pferden ging es weiter.

In Dresden angelangt, zögerte Friedrich August. Für kurze Zeit war er nicht sicher, wie er weiter vorgehen sollte. Von Flemming lag noch keine Nachricht vor, konnte wohl auch nicht. Er entschloss sich zu handeln. Er bestellte den Geheimen Rat zu sich.

Die Figur aus dem Historischen Museum in Dresden stellt August den
Starken bei der Krönungsfeier zum König von Polen dar. (Der Kopf ist ein
Abguß nach dem Leben).

Nichtsahnend erschienen die Herren. Der Kurfürst informierte sie in knappen Worten, dass er sich um die polnische Krone bewerben wolle. Über Einzelheiten sprach er nicht, wäre auch kaum in der Lage gewesen, da ihm vieles noch unklar war. Ihn bewegte nur eine Frage: Würde er sich in Polen durchsetzen können? Der Geheime Rat fiel aus allen Wolken. Mit versteinerten Gesichtern nahmen die Herren die Nachricht entgegen. Hatten sie richtig gehört? Der junge Kurfürst wollte die polnische Krone? Dies konnte doch Sachsen nur schaden. Aber ehe sie sich besannen, waren sie entlassen. Der junge Herr duldete keine Fragen.

Erst am dritten Tag begab sich Friedrich August zu seiner Geliebten. Sie hatte voller Sorgen und Ängste gewartet. War das der Anfang vom Ende? Er kam schnell auf sie zu, schien strahlender Laune zu sein. Sie ahnte nicht, warum. Aber dann berichtete er. Flemming hatte ihm die ersten Nachrichten zukommen lassen. Es schien nicht aussichtslos zu sein. Die Wienerin bestärkte ihn. Sie hatte es zur Geliebten des Kurfürsten gebracht. Nun winkte die Chance, die Geliebte eines Königs zu werden. Warschau, das Warschauer Schloss lockten. In Dresden wurde es immer unleidlicher. Sie hatte dies besonders gespürt, als der Kurfürst in Wien weilte. Deutlich und frech wurde sie abgelehnt. Vielleicht versprach Warschau neues Glück. Sie wünschte es sehr, dass Friedrich August König wurde, sagte es ihm, geriet in Atemlosigkeit. Ihre Begeisterung übertrug sich auf ihn. Er sah sich schon als König, in Zobel und Samt. Die Polen würden es ihm danken.

Bald wurde in Dresden bekannt, was der Kurfürst vorhatte. Voller Sorgen begannen Adel und Stände in die Zukunft zu schauen. Der Kurfürst in Polen als König, in diesem großen Land? Hatte er nicht genug in Kursachsen zu tun?

Friedrich August konzentrierte Truppen an der polnischen Grenze, um seinem Wunsch Nachdruck zu verleihen.

Bis heute rätseln Historiker, warum sich der Wettiner so plötzlich für die polnische Krone interessierte. Einige meinen, Habsburg habe ihn auf diese Spur gesetzt, andere glauben, es sei der Ehrgeiz des Wettiners gewesen, sich nach Osten zu orientieren.

Am 16. Juni 1696 war der polnische König Jan Sobieski gestorben. Innerhalb eines Jahres musste ein Nachfolger gefunden sein. Polens Krone war also zu vergeben. An den europäischen Höfen brach Unruhe aus. Todesfälle in Herrscherhäusern, Thronwechsel führten immer zu Unsicherheiten. Gesandte wurden aktiv, die Geheimdiplomatie geriet in Schwung. Früh deutete sich an, dass Frankreich großes Interesse besaß, in Polen einen Franzosen zum König zu küren. Daran waren weder Habsburg noch Russland interessiert. Peter drohte sogar mit Krieg, falls ein Franzose den polnischen Thron besteige. Er verhandelte heimlich mit Habsburg (sind die beiden Kaiser auf den Sachsen gekommen?). Brandenburg-Preußen wartete ab. Es bekundete nicht allzu viel Interesse an Polen. Immerhin besaß es das Herzogtum Preußen. Ging es gut, ließ man sich dort krönen. Bald stellten sich zahlreiche Bewerber um die polnische Krone ein.

Ob Friedrich August allein auf die Idee kam, nach Polens Krone zu greifen, ist unbekannt. Aber ehrgeizig, wie er war, musste jede Anregung auf fruchtbaren Boden fallen. Daher ist es nicht ausgeschlossen, dass ihm der Habsburger Leopold I. diese Idee suggeriert hat. Friedrich August war auf Machtzuwachs bedacht. Mit Polens Krone auf dem Kopf konnte er zu einem der ersten Fürsten Europas werden. Zu diesem Zeitpunkt strebten viele europäische Häuser nach Rangerhöhung. Die Hohenzollern verhandelten seit Jahren mit Wien um die Königskrone. Wittelsbacher, Welfen beanspruchten die Königswürde. Als Friedrich August 1694 Kurfürst geworden war, ließ er seine Nachbarn wissen, dass er Kursachsen zu stärken und es territorial zu erweitern wünsche. Bald wird er erkannt haben, dass weder von den Hohenzollern noch von den Habsburgern Land zu haben war. Blieb nur der Osten, sich zu vergrößern, blieb nur Polen. Sobieskis Tod eröffnete diese Chance. Eines der schwierigsten Probleme war: Polen war katholisch. Und die Reichsverfassung bestimmte, dass kein anderer als ein dem katholischen Glauben Zugehöriger polnischer König werden durfte. Aber das Problem hatte er ja in aller Heimlichkeit gelöst.

Wie Friedrich August die polnische Krone erwarb, spricht für ihn. Er zögerte keinen Augenblick, nachdem er sich entschieden hatte. Es ist nachweisbar, dass ihn die Esterle darin bestärkte.

Am 6. Juli betrat der Wettiner zum ersten Mal polnischen Boden. Bei ihm befanden sich Truppen. Notfalls wollte er seine Ansprüche mit Gewalt durchsetzen. Inzwischen arbeitete Flemming für ihn, und es arbeitete Friedrich Augusts Geld. Noch immer waren die Franzosenanhänger stark. Sie wollten Prinz Franz Ludwig von Conti, einen Vetter Ludwigs XIV., zum König krönen. Aber der ließ sich mit seiner Reise nach Polen Zeit. Offenbar fühlte er sich seiner Sache sehr sicher. Wer sollte ihm auch Paroli bieten?

Bald gab der sächsische Kurfürst offiziell bekannt, dass er zur katholischen Konfession gewechselt sei. Öffentlich nahm er das Abendmahl nach römischem Ritus ein. In Sachsen brach ein Sturm der Entrüstung los. Schon sahen sich die wackeren Protestanten zum katholischen Glauben gezwungen. Der Kurfürst versicherte, dass keiner den Glauben wechseln müsse. Er hielt sein Wort.

Am 26. und 27. Juni kam es in Warschau zur Doppelwahl. Die Franzosenanhänger wählten Conti (der noch unterwegs war), die Sachsenriege Friedrich August zum polnischen König. Friedrich August, der seine Gegner nicht unterschätzte, ließ es nicht zu einem offenen Zusammenstoß kommen. Er mied die polnische Hauptstadt und zog es vor, in die alte Königsstadt Krakau zu ziehen. Dort ließ er sich am 15. September krönen.

Seine Damen, die er verehrt hatte, waren dabei: Maria Aurora. Fatime, die Esterle. Die Wienerin war froh, aus Dresden fort zu sein. Zuletzt hatte man sie offen angefeindet, und sie hatte, wie es ihre Art war, mit Hochmut zurückgezahlt.

Nun stand er vor ihr, genauer drüben, unter dem Baldachin. Elegante Polen um ihn, elegante Damen. In Pelz und Zobel, in Samt und Seide, stand er und erduldete die Krönungsprozedur, die seit Stunden lief. Sie amüsierte sich über den Mann, der alles so geduldig ertrug. Einen guten Eindruck wollte er machen. Aber da war es plötzlich passiert, der Wettiner brach zusammen. Salben und Puder ließen seine Haut nicht mehr atmen. Ein Aufschrei ging durch die Halle. Aber er war schnell wieder auf den Beinen,

Friedrich August I. als August II., König von Polen.

ertrug die Gratulationen. Viele waren gekommen. Freunde und Feinde, hoher Adel aus Polen und Sachsen, Vertreter der sächsischen Stände, Beauftragte Christiane Eberhardines. Sie selbst lehnte es ab, ins katholische Polen zu reisen, zeit ihres Lebens.

Die Esterle sonnte sich. Sie war jetzt die Erste, sie war die Geliebte des Königs. Hier musste sie keine Rücksicht auf die Kurfürstin nehmen.

Der König näherte sich ihr. Sie knickste, er nahm ihre Hand, behielt sie an seiner Seite, ließ damit alle wissen, dass sie seine Ausersehene war. Ihr entging nicht, dass sie von den Polinnen beobachtet wurde. Schön waren sie, und sie gaben sich sehr selbstbewusst. Sie wusste es: Von dort drohte Gefahr. Irgendwann wird er sie nicht mehr mögen. Aber bis dahin wollte sie genießen, wollte rausholen für sich, was rauszuholen war. Der König entschuldigte sich, ließ sie allein. Sie wurde sofort umringt. Die Polen wussten, was sie der Mätresse des Königs schuldig waren. Sie genoss die Komplimente. Es war der größte Tag – auch ihres Lebens.

Das Verhältnis des sächsischen Kurfürsten und polnischen Königs zur Esterle wird meist nur als kurze Episode abgehandelt, als nahezu bedeutungslos. Aber so kann es wohl nicht gewesen sein. Ihre Anwesenheit in Krakau und später in Warschau beweist, dass die Esterle Friedrich August längere Zeit wichtig gewesen ist. Und es dürfte als sicher gelten, dass die Wienerin von Friedrich August ein Kind bekommen hat. In einem Brief der Gräfin Löwenhaupt, Auroras Schwester, heißt es am 11. Mai 1698, also knapp ein Jahr nach dem Wahlereignis in Warschau: „Die Gräfin Esterle ist schwanger. Und man tut alles mögliche, sie ihrem Gemahl zurückzusenden; diesem hat man schon 5 000 Taler für die Rücknahme geboten, ohne dass er einwilligte." Der Brief ist voller Spott und Gehässigkeiten. Kein Wunder. Die Gräfin Löwenhaupt war Maria Auroras Schwester. Aurora hatte ihr und ihrem Mann, der es zum Minister brachte, sehr geholfen, in Dresden eine gesellschaftliche Stellung zu erhalten. Ihr – die zu Aurora in einem schönen, schwesterlichen Verhältnis stand – dürfte die Wienerin nicht gefallen haben. Sie hatte Aurora als Mätresse abgelöst. Es gibt noch eine zweite Quelle, die die Schwangerschaft der Esterle belegt. Im Juli 1698 berichtete ein gewisser Johann Georg Jäger aus Warschau an den jüngeren Christoph Dietrich von Bose, dass die Esterle ein Kind erwarte.

Wann das Kind geboren wurde, ist nicht bekannt. Es ist auch nie wieder davon die Rede, auch später nicht. Es ist anzunehmen, dass das Kind bei der Geburt gestorben ist. Vielleicht auch hat es die Esterle weggegeben. Friedrich August hat sich zeit seines Lebens um die Kinder seiner Mätressen gekümmert und dafür gesorgt, dass sie standesgemäß erzogen wurden. Warum sollte ausgerechnet das Kind der Esterle davon ausgenommen worden sein?

Selbst im Jahre 1699 muss ihm die Frau noch nahe gestanden haben. Am 8. September eröffnete Friedrich August den Landtag in Dresden. Und einen Tag später reiste er mit der Esterle nach Teplitz zum Bade- und Erholungsurlaub. Dorthin durften ihn nur Frauen begleiten, die ihm nahe standen.

Um das Ende der Liaison ranken sich Geschichten und Legenden. Die Esterle habe sich der Zuneigung des Fürsten nicht würdig erwiesen, meinen Moralisten. Zu heftig sei das Wiener Blut in ihr geströmt. Es heißt sogar, dass die Esterle den Wettiner mit Flemming betrogen hatte. Friedrich August habe es erfahren und großzügig darüber hinweggesehen. Flemming war einer seiner fähigsten Minister, er hatte beste Beziehungen zum polnischen Adel. Seinem Einsatz verdankte der Wettiner die polnische Krone. Großzügigkeit als Dank? Wer es will, soll es glauben. Wahrscheinlicher ist schon folgende Geschichte: Der polnische Adel setzte alles daran, dem Sachsen eine Polin ins Bett zu legen. Bald war eine erkoren, die Lubomirska, und bald auch begann sich Friedrich August für diese Frau zu interessieren. Die Wienerin – wohl wissend, dass der Zenit ihrer Liebe schon lange überschritten war – schien das nicht sonderlich aufzuregen. Sie genoss das Warschauer Hofleben. Friedrich August ließ prächtige Feste ausrichten, ließ die Polen wissen, dass er zu feiern verstand. Und das missfiel ihnen nicht. Einer unter den hochgestellten polnischen Adligen soll der Esterle den Hof gemacht haben, offen, hemmungslos. Der Mann, Michael Servacy Wisniowiecki, adlig, im Fürstenstand, entstammte einer angesehenen polnischen Familie.

Friedrich August soll die beiden in flagranti entdeckt haben. Da sei ihm der Kragen geplatzt. Vitzthum, ein weiterer Vertrauter des Kurfürsten, erhielt den Auftrag, der Gräfin Esterle klarzumachen, dass sie Warschau zu verlassen habe. Vitzthum, elegant, wortreich, ein Mann, im Verkuppeln geübt, ließ durchblicken, was der König wünschte. Sie verstand, sie verstand schnell. Sie protestierte nur leise. Das war die Stunde, mit der sie schon länger gerechnet hatte. Allerdings war sie doch etwas überrascht. Sie hätte gern noch Zeit gewonnen.

Nach ihrer Abreise befiel Friedrich August der Geiz. Er dachte an die kostbaren Juwelen, die er ihr geschenkt hatte (darunter sollen auch jene gewesen sein, die sie bei der Krönung in Krakau getragen hatte). Er schickte der Esterle Soldaten hinterher. Sie wurde noch rechtzeitig auf polnischem Territorium eingeholt. Den Offizieren war es peinlich, die Juwelen zurückzuverlangen. Aber sie hatten den Befehl des Königs auszuführen. Die Wienerin protestierte, laut, energisch, wie es sich für eine Dame gehört. Dann lenkte sie ein, wieder liebenswürdig, bedauerte die Offiziere, dass sie diesen Auftrag ausführen mussten. Die Herren waren erleichtert. Sie bat, das Kästchen, in dem sich die Juwelen befanden, versiegeln zu dürfen. Dagegen war nichts einzuwenden. Die Herren Offiziere kehrten – den Auftrag erfüllt – bester Laune zurück.

Das Kästchen hatte die nötige Schwere. Als Friedrich August das Kästchen öffnete, erlebte er eine Überraschung. Nicht die Juwelen, sondern Steine hatte ihm die Esterle überlassen. Der König soll gelacht haben. Er kannte seine Wienerin, dieses Luder. Wenn es so war – Hochachtung vor dieser Frau, die sich auf rechte Hofart verabschiedet hatte.

Das weitere Schicksal der Esterle verliert sich bald im Dunkeln. Es heißt, sie soll klug und vorausschauend mit ihren Geschenken und Dukaten umgegangen sein. In Schlesien hätte sie sich Güter erworben. Zu großen Festen sei sie wieder gern in Wien erschienen. Von ihrem Mann, dessen genaue Herkunft ohnehin nicht ermittelt werden konnte, ist nie mehr die Rede, auch nicht von ihrem Kind. In jedem Fall aber war sie mehr als eine Episode im Leben Friedrich Augusts.

Eine türkische Geliebte

Fatime soll eine Türkin gewesen sein. Sie folgte der Esterle, die Friedrich August aus Warschau verbannt hatte. Es passt in die Biographie des Kurfürsten, dass er sich für eine Frau aus dem Süden begeisterte. Sie soll eine exotische Schönheit gewesen sein. Auf einem Gemälde ist Fatime als Orientalin dargestellt. Langes geflochtenes Haar fällt auf ihre Schultern, oval ist ihr Gesicht, oval ihr Augenschnitt. Eine Perlenkette liegt um ihren schmalen Hals. Ein Zeitgenosse beschreibt sie: „Sie hatte eine feine und hohe Gestalt und das Aussehen einer Königin, wenn sie angekleidet war. Im Negligé wirkte sie hingegen eher brav. Das Auge war dunkelblau, fein geschnitten, der Blick lebhaft. Stirn, Nase und Mund gleichen den römischen Schönheiten."

Friedrich August war ein phantasievoller Mensch. Er neigte dazu, sich Unangenehmes wie Gutes im Voraus auszumalen, im Kommenden vermochte er zu schwelgen. Stellte er sich Fatime als Tochter eines Sultans vor, die das Schicksal in den Norden verschlagen hatte? Bei den Kämpfen um Ofen (Buda, Stadtteil von Budapest) sei sie erbeutet worden. Schon in ihrem Namen klingt Orient auf: Weihrauch und Türkenzelt, Goldbrokat und Edelstein. Fatimes südliches Temperament wird ihn gewiss entzündet haben.

Es ist viel Geheimnis um diese Frau. Es gibt Schriftstücke, die sie mit dem Namen „von Kariman" unterschreibt. Nährte sie selbst eine Legende, vielleicht gar, weil es von ihr erwartet wurde? Woher sie wirklich stammt, bleibt im Dunkel der Zeit. Schon zu Lebzeiten Friedrich Augusts interessierte man sich für die Herkunft Fatimes, ohne Verlässliches mitteilen zu können. Wenn es überhaupt einer gewusst hat, dann der Kurfürst selbst. Aber er hat es uns nicht verraten. Und wie immer, wenn nichts sicher in Erfahrung zu bringen ist, entstehen Geschichten und Legenden. Was darin wahr, was erfunden ist, vermag niemand zu sagen.

Die Berichte über Fatime sind widersprüchlich. Friedrich August selbst habe sich ihrer – heißt es – in seinem Kriegszug gegen die Türken, die ihm so übel mitgespielt haben, angenommen. In einem Zelt soll er das Mädchen entdeckt haben. Sie sei in kostbare

Die Türkin Fatime.

Gewänder gekleidet gewesen und geschmückt mit Armbändern und Edelsteinen. Auch das Zelt der Türken sei kein gewöhnliches gewesen. Dafür war es zu kostbar ausgestattet. Nach einer Schlacht, die für die Kaiserlichen siegreich ausgegangen war, hätte er sie entdeckt. Sie war im Stich gelassen worden – ja, von wem? Liebreizend sei ihm das schlafende Kind erschienen. Voller Rührung hätte er es betrachtet und Befehl gegeben, das Leben des Mädchens zu beschützen. In der sächsischen Residenz sei Fatime als Hoffräulein erzogen worden. Und wie es der Zufall wollte, erinnerte er sich ihrer und verliebte sich in sie. Retter und Geliebter. Wie schön! Es könnte ins Märchenbuch passen.

In einer anderen Version heißt es: Feldmarschall Hans Adam von Schöning, der längere Zeit in brandenburgischen Diensten stand, habe sie entdeckt und sie dem Wettiner als Zeichen seiner Hochachtung geschenkt. Wieder andere wollen wissen, dass Schöning das Türkenmädchen nach Berlin geschickt habe. Dort sei es getauft worden und im adeligen Hause aufgewachsen. Genauer will es der Chronist Haxthausen erfahren haben. Ein britischer Offizier namens Philipp Erskine, der im kaiserlichen Dienst stand und auch gegen die Türken focht, hätte Fatime aufgenommen. Da er aber ein rechter Kriegsmann war, wusste er nichts mit dem Mädchen anzufangen. Er überließ es dem Grafen Philipp Königsmarck, dem Bruder Auroras. „Der Graf von Königsmarck hat sie in Ofen bekommen. Das kleine Ding war in Goldbrokat gewickelt, woran einige seltsame, vielleicht türkische Steine hingen. Nachdem er sie eine Weile mit sich geführt hatte, hat er sie seiner Schwester gegeben, die das Mädchen dann auch erzogen hatte. Nach dem Verlust ihres Bruders hat sie Fatime, die zu einer reizvollen Jungfrau herangewachsen war, als Gesellschafterin, die über der Kammerfrau steht, mit nach Sachsen genommen."

Und Pöllnitz weiß auch seine Geschichte zu berichten. Friedrich August habe Fatime in Polen kennen gelernt. Obschon noch mit der Wienerin Esterle zusammen, hätte der Kurfürst Feuer gefangen. Es haben sich also viele etwas ausgedacht. Nur in einem waren sich alle einig: Fatime musste aus hohem Hause stammen. Verständlich. Wie hätte auch ein König ein gewöhnliches Mädchen, vielleicht gar ein Soldatenkind, lieben können?

Will man Haxthausen glauben, dann hat Fatime Friedrich August im Salon der Königsmarck kennengelernt, also noch in der Zeit, als Aurora die Geliebte des Kurfürsten war. Aurora hätte es Fatime nie verziehen, dass sich die Türkin auf ein Verhältnis mit Friedrich August eingelassen hatte. Sie soll später Fatime als Schlange bezeichnet haben und eifersüchtig gewesen sein. Das nun widerspricht völlig dem Wesen Auroras. Als Fatime die Geliebte des Kurfürsten wurde, war die Beziehung Auroras zu Friedrich August längst beendet. Die Königsmarck hatte Jahre zuvor ohne jeden Widerstand ihren Platz an der Seite des Kurfürsten aufgegeben, als er mit seiner neuen Geliebten Esterle aus Wien in Dresden erschienen war. Warum sollte sie, als sie nichts mehr mit Friedrich August verband, auf Fatime eifersüchtig gewessen sein? Es wird wohl für immer ein Geheimnis bleiben, woher Fatime wirklich stammt und wie sie nach Dresden gelangt ist. Unsicher ist auch, wann Fatime die Geliebte Friedrich Augusts wurde.

Fatime und Friedrich August, das muss ein sonderbares Verhältnis gewesen sein. Nie stand sie im öffentlichen Glanz, nie ist sie zur öffentlichen Mätresse erhoben worden. Und doch muß sie in seinem Leben eine viel größere Bedeutung gehabt haben, als bisher von Biographen angenommen.

1697 war der Wettiner in Warschau zum polnischen König gewählt worden. Bei der feierlichen Krönung in Krakau – so berichtet eine Quelle – war Fatime dabei, auch Aurora. Bei Aurora ist das nachzuvollziehen. Sie hatte Friedrich August einen Sohn geboren, und sie nahm gern an großen gesellschaftlichen Festen teil. Die Krönung war ein europäisches Ereignis. Aber was hatte Fatime, das Hoffräulein, dort zu suchen? Es darf angenommen werden, dass Friedrich August ihre Gegenwart gewünscht hatte. Sie sollte seine großen Augenblicke erleben. Er war König geworden vor den anderen, vor den Hohenzollern, die beim Kaiser nach königlicher Erhöhung strebten, vor den Wittelsbachern. Er hatte sich gegen zahlreiche Bewerber um die polnische Krone durchgesetzt, hatte den Franzosen Conti geschlagen, der sich der Krone des Weißen Adlers schon so sicher gewesen war. Der polnische Adel musste ihn, den Wettiner, akzeptieren, wenn auch widerstrebend. Eitel und stolz, wie Friedrich August war, wird es ihm Freude bereitet haben, dass ihn seine Vertraute im königlichen Ornat erlebte. Eine andere Erklärung gibt es für Fatimes Anwesenheit nicht. Dies aber würde bedeuten, dass der Wettiner mit Fatime schon 1697 ein Verhältnis hatte. Eine andere Quelle deutet auf ein frühes enges Verhältnis hin. Im November 1699 hielt sich Friedrich August in Dresden auf. Jagden und Feste fanden statt. Der fürstlich Zeitzische Geheime Rat von Beust stellte vorwurfsvoll fest. „Die Lustbarkeiten machen, dass niemand vor vier, fünf Uhr früh schlafen geht und vor zehn, elf wieder aufsteht. Venus und Cupido thun an einem gewissen Ort neue Wirkung, und soll das Subjectum gar charmant sein, zumalen es eine Tochter Martis ist ..." Damit dürfte Fatime gemeint sein. Und es gibt einen zweiten Beleg, der auf ein intensives Verhältnis Fatimes zu Friedrich August hindeutet. Von der Gräfin Löwenhaupt wissen wir, dass Fatime öfter nach Warschau reiste. Bevor Fatime nach Warschau aufbrach, ließ sie sich ein Horoskop stellen. Darin hieß es, dass sie Glück und Geschenke erwarten dürfe, allerdings bald in gesegneten Umständen sein würde. „Sie sinnt nun" – so die Löwenhaupt spöttisch – „nach tausend Mitteln, um sich zu schützen." Angeblich hätte die um ihre Unschuld besorgte Türkin versucht, sich in Dresden einen Keuschheitsgürtel zu besorgen. Das ist gewiss amüsant dahergeplaudert, ist Hofklatsch. Sollte es wirklich stimmen, dass sich Aurora um die Erziehung der Fatime gekümmert hatte, dann dürfte auch ihre Schwester nicht gut auf Fatime zu sprechen gewesen sein.

Der Keuschheitsgürtel nutzte Fatime nichts. Bald war unübersehbar, dass sie schwanger war. Und sie machte keinen Hehl daraus. Befragt, wer der Vater sei, wich sie aus. Offenbar wollte sie nicht im Voraus für Aufsehen sorgen.

Am 19. Juni 1702 hat sie in Dresden einen Jungen entbunden. Er erhielt den Namen Friedrich August. Damit war allen klar, wer der Vater war. Das Ereignis sprach sich bis Warschau herum. Friedrich August soll deshalb Ärger bekommen haben. Seine polnische Geliebte Gräfin Lubomirska soll ihm öffentlich eine Szene bereitet haben. Das sei so recht nach dem Geschmack der Polen gewesen, die den Wettiner in Verlegenheit erlebt hätten. 1724 adelte der König seinen Sohn zum Grafen Rutowski. Er ließ ihn militärisch ausbilden. Der Prinz von Savoyen, einer der erfolgreichsten Feldherren des 18. Jahrhunderts und glänzender Sieger im Kampf gegen die Türken, nahm sich Friedrich Augusts Sohn an. Danach trat Rutowski in den militärischen Dienst Brandenburgs. Dort beobachtete er sehr genau, wie die Hohenzollern ihre Armee reformierten und aufrüsteten. Danach kehrte er nach Sachsen zurück. Zum General ernannt, modernisierte er die sächsische Armee nach preußischem Vorbild. Der Soldatenkönig Friedrich Wilhelm I. war darüber sehr erbost: „Die Canaille hat uns alles abgestohlen." Man darf annehmen, dass der Kurfürst und König mit seinem Sohn zufrieden gewesen ist.

Fatime und Friedrich August, das war eine der seltsamsten Beziehungen. Sie muss über Jahre angehalten haben, ungeachtet anderer Mätressen und Abenteuer. Leider ist nicht ein einziges Wort aus Fatimes Munde erhalten, kein Kommentar läßt uns ein Ereignis nachvollziehen, das am Dresdner Hof mit Erstaunen aufgenommen wurde.

In Friedrich Augusts Umgebung befand sich ein gewisser Spiegel. Der Mann war bürgerlicher Herkunft. Er zeichnete sich durch große Gewissenhaftigkeit und Kenntnis aus. Friedrich August, der seinen adligen Beamten nicht sehr vertraute, setzte oft auf bürgerliche Untergebene. Sie dienten – wie er es selbst formulierte – treuer und ergebener. Diesen Spiegel ließ er eines Tages zu sich kommen. Der Mann – ahnungslos – hörte des Kurfürsten Wunsch. Friedrich August empfahl Spiegel, Fatime zu heiraten. Ahnte er, warum? Akzeptierte er, was ihm im Stillen zugedacht war? Oder wusste er nichts? Die Ergebenheit Spiegels – das zeigte sich bald – war perfekt. Obschon verheiratet, schien Fatime Friedrich August die Liebste zu sein, wenn er sich in seiner Dresdner Residenz aufhielt. Der Kurfürst vergalt es seinem Getreuen. Er beförderte ihn vom Akziserat zum Obristen. Fatime wird es ihm gedankt haben.

Das Verhältnis dauerte an. In den ersten Jahren seiner Regierungszeit in Polen hielt sich Friedrich August fast ausschließlich dort auf. Nur zu wichtigen Ereignissen – der

Applikationen vom Türkenzelt.

Eröffnung der Landtage in Dresden etwa und der Leipziger Messe – kam er ins Kurfürstentum. Dafür reiste Fatime umso öfter nach Warschau. Friedrich Augusts Vertrauen zu ihr ging sogar so weit, dass er sie als geheimen Kurier einsetzte. Es scheint, dass er zu seinen Frauen – vielleicht von der eleganten Esterle abgesehen – großes Vertrauen hatte. Schon sehr bald wird ihm Maria Aurora in großer Not beiseitestehen.

1706 – es war ein schlimmes Jahr für Friedrich August. Er verlor Land und Königskrone. Und es war ein Jahr, in dem der Kurfürst gleich mehrfach für seinen Nachruhm sorgte: Fatime gebar ein zweites Kind, diesmal eine Tochter. Die Lubomirska, seine polnische Geliebte, war inzwischen in Dresden und stellt auch ihre

Ansprüche. Und: Der Kurfürst – arg von dem schwedischen König im Nordischen Krieg gebeutelt – entbrannte für eine neue Frau, für die spätere Gräfin Cosel, die mit Friedrich Augusts Akzisedirektor von Hoym verheiratet war. Friedrich August wird sich argen Bedrängnissen ausgesetzt sehen. Die Lubomirska – immer temperamentvoll und nicht zum Verzichten bereit – stellte ihn zur Rede und forderte, die Fatime aufzugeben. Er wird es versprochen haben, denn er neigte dazu, solchen unliebsamen Szenen aus dem Weg zu gehen. Kaum hatte er die eine beruhigt, stellte die andere Forderungen. Gelegentlich, so scheint es, geriet er der Damen wegen doch in Schwierigkeiten. Aber Romantiker, der er war, wird er es verkraftet haben.

Und Fatime? Lächelte sie, weil sie wusste, dass er immer wieder zu ihr zurückkehrte? Nur sie allein kannte das Geheimnis, warum er sich über Jahrzehnte zu ihr ins Bett legte.

Sie soll eine großartige Erzählerin gewesen sein und voller Phantasie. Und an Phantasie hat es Friedrich August, dem Türkenbezwinger, nie gemangelt. Lag sie auf goldenem Brokat und erzählte von den Rätseln des Orients, raunten in ihren Worten Gärten und Wasserspiele, beschwor sie das Bild herauf, die Tochter eines bedeutenden Fürsten zu sein? Beschrieb sie ihm Paläste voll kostbarer Ausstattung? Es ist bekannt, dass Friedrich August gern Bücher las, in denen die Wunderwelt des fernen Ostens beschrieben wurde. Diese Welt regte ihn an. Die naiven Malereien am Berg- und Wasserpalais in Pillnitz sind der Versuch, ein Stück dieses glückseligen Lebens aus dem fernen „Indianien" in sein Kurfürstentum zu holen. Die geschweiften Dächer in Pillnitz, die so fremd anmutende orientalische Architektur am Japanischen Palais sind ein großartiger Versuch, Ferne in Stein und Farbe erlebbar zu machen. Hat ihn Fatime dazu angeregt? Ich will es glauben, denn sie hat die Ausstrahlung besessen, den Mann lange an sich zu fesseln.

Friedrich August dankte ihr auf seine Weise. Um die Tochter Katherina wird er sich rührend kümmern. Ihr wird der Weg in eine standesgemäße Ehe geebnet. Sie ist 28 Jahre alt, als sie den polnischen Grafen Michael Bielinski heiratet. Ob Friedrich August noch

Graf Rutowski, Sohn Augusts des Starken und Fatimes.

während der Cosel-Ära mit Fatime zusammen gewesen ist, ist nicht bekannt. 1716 stirbt ihr Mann. Fatime aber scheint versorgt zu sein. Bereits bei der Geburt des Sohnes finden Verhandlungen zum Kauf eines Rittergutes in Särchen in der Oberlausitz statt. Weitsichtige Vorsorge ist also schon sehr früh getroffen worden.

Fatime war nie offizielle Mätresse. Ob sie wirklich geadelt wurde, ist zweifelhaft. Im amtlichen Verzeichnis des sächsischen Adels ist weder ihr noch Spiegels Name enthalten. Nur einmal zeichnet sie – wie bisher bekannt ist – ein schüchternes v. vor ihren Namen, und zwar 1702. Unter späteren Unterschriften ist das Adelsprädikat nicht vorhanden. Das „von Kariman", also den Namen ihrer türkischen Herkunft, behält sie stets bei und bestätigt damit die Legende, dass sie aus einem vornehmen orientalischen Hause stammt.

Die Diplomatin

Maria Aurora von Königsmarck trat noch einmal mit Nachdruck in Friedrich Augusts Leben. Nicht wieder als Geliebte, aber als Freundin, Beraterin. Ob von ihm gerufen, ist unbekannt. Erwünscht jedenfalls war sie, denn der König von Polen befand sich in großen Schwierigkeiten. Er führte für die polnische Republik Krieg gegen Schweden. Wieder einmal wollte er Feldherrnruhm, und wieder einmal drohte ihn das Glück gänzlich zu verlassen. Er hatte den Krieg begonnen. Aber nicht seine Truppen, sondern die Karls XII. waren im Vormarsch. Selbst Warschau schien vor den Schweden nicht mehr sicher zu sein. Wer sollte sie noch aufhalten? Nur ein Friedensschluss konnte ein Debakel verhindern.

Sah das der polnische König auch so, als er im Warschauer Schloss über seine Niederlagen nachsann? Kam er zum Schluss, dass er den Krieg zu leichtfertig begonnen hatte? Bereute er, dass wieder der Soldat in ihm gesiegt hatte? Oder verwünschte er den Russen Peter?

Noch vor kurzem waren sie sich einig gewesen, er, der Zar Peter und der Däne Friedrich IV., dass es ein Leichtes sein würde, den Schweden zu besiegen. Karl war ja noch ein Jüngling, militärisch völlig unerfahren. Was sollte der ihnen schon entgegensetzen! Karl, Friedrich Augusts Vetter, war gerade 18 Jahre alt.

Sie hatten dem Wein ordentlich zugesprochen. Und er hatte feststellen müssen, dass der Russe saufen konnte wie kein anderer. Sie hatten sich ewige Treue geschworen und den Bund besiegelt: Kampf bis zum endgültigen Sieg. Friedrich wollte sich Holstein Gottorb, das die Schweden Dänemark abgenommen hatten, wieder holen; und Peter brauchte einen freien Zugang zum Meer, er wollte eine Ostseeflotte bauen. Und er, Friedrich August, beabsichtigte Livland den Schweden abzuknöpfen und eine Landverbindung nach Polen einzurichten. Sie alle hatten also ihre Gründe, Karl eins überzuziehen. Und er, Friedrich August, hatte schließlich den Polen versprochen, Livland den Schweden abzunehmen und es wieder an den Weißen Adler zu binden. Das gefiel den Polen sehr,

Maria Aurora von Königsmarck.

als sie davon erfuhren. Und nun, da sich der Sieg nicht einstellte, begannen sie ihn zu beschimpfen, hielten ihm gar vor, dass er den Krieg gegen ihren Willen begonnen hätte. Wie die Ratten krochen seine Gegner aus den Löchern und witterten ihre Chance, schürten Unfrieden, wiegelten den polnischen Reichstag gegen ihn auf.

Friedrich August presste seine vollen Lippen zusammen, ruckte unwillig die rechte Schulter hoch. Immer wenn er sich ärgerte, wenn er sich zu Unrecht beschuldigt sah, trat dort ein hässlicher Schmerz auf. Die Polen hatten sogar den Einsatz ihrer Krontruppen verweigert, diese verdammten Magnaten! Sie hätten den Krieg nicht begonnen. Sehr schön! Für wen führte er ihn denn? Doch nicht für sich, doch nicht für Sachsen. Sie bereiteten ihm Kummer, mehr als ihm angenehm, mehr als auszuhalten war. Und dann ihre Unverschämtheiten. Geld forderten sie. Davon konnten sie nicht genug erhalten. Fürstenberg, sein Statthalter, schien am Ende zu sein, er hatte ihm nur ein paar tausend Taler zukommen lassen.

Hätte ihm Flemming nur nicht diesen Livländer Patkul zugeführt. Er war auf diesen Mann hereingefallen, hatte sich von ihm einwickeln lassen, hatte ihm geglaubt, dass der livländische Adel nur darauf warte, sich gegen Karl zu erheben. Ihm müsse nur ein Signal gegeben werden. Dann bräche ein Sturm aus. Nichts davon war geschehen. Die livländische Ritterschaft hatte sich bei der geringsten Drohung des Schweden verkrochen. Feiges Pack! Noch ehe der Krieg so richtig begonnen hatte, war Friedrich besiegt. Da hat er noch Glück gehabt, dass ihm die Engländer und Holländer beisprangen, sonst hätte Karl Kopenhagen besetzt. Und Peter – er dachte mit Groll an ihn – hatte sich zu viel Zeit gelassen. Blitzschnell hatte sich sein Vetter gegen den Russen gewandt. Und in Narva hatte es für die Russen ein militärisches Debakel gegeben. Mit Müh und Not war Peter entkommen. Irgendwie – so ernst es auch war – konnte er sich ein Stück Schadenfreude doch nicht versagen. Dieser großspurige Russe. Er würde künftig gut aufpassen müssen, dass ihn der Zar nicht überrollte. Fein war Peter nicht. Wenn es um Russland ging, würde er keine Rücksicht kennen. Es war gut, dass er ihn durchschaute. Was nun? Was sollte er seinem Vetter entgegensetzen, wenn der weitermarschierte? Zum

Glück war Winter. Vielleicht bot sich eine Atempause. Ein neues Jahr lag vor ihm, neues Kriegsglück war nicht ausgeschlossen. Er wird zu Neujahr aus dem Kaffeesatz lesen. Vielleicht erhielt er einen Wink für die Zukunft.

Friedrich August fröstelte. Im Warschauer Schloss war es kalt und zugig. Es hatte Mühe bereitet, ein paar Säle herzurichten. Unglaublich, wie die Polen ihr Schloss verkommen ließen. Wenn sich die Dinge besser gestalteten, würde er sich des Schlosses annehmen. Sie würden staunen, seine Polen. Es half nichts, er musste sie beeindrucken. Hoym und Fürstenberg mussten Geld herbeischaffen. Wie, war ihm egal.

Friedrich August schaute aus dem Fenster. Es hatte zu schneien begonnen. Groß und schwer fielen die Flocken. Er liebte den frischen Schneefall. Am liebsten würde er in einen Schlitten steigen und dann quer übers Land fahren, wie vorgestern mit der Lubomirska. Sie war eine großartige Frau. Wie sie ihn bei Riga getröstet, seinen Ärger besänftigt hatte. Er wird sie am Abend sehen. Er freute sich auf sie. Nun sah die Welt nicht mehr ganz so öde aus. Neues Jahr, neues Glück.

Maria Aurora hielt sich im Dezember 1701 in Polen auf. Sie hatte das Kriegsgeschehen verfolgt. Schon einmal hatte sie Friedrich August geraten, nicht allzu sehr auf die Polen als Verbündete zu setzen. „Binnen kurzem werden Sie sehen", schrieb sie ihm, „welcher Verlass auf die Polen ist." Er hatte alle Warnungen in den Wind geschlagen, und nun stand es schlecht um ihn!

Es ist quellenmäßig nicht belegt, dass Maria Aurora mit dem Vorsatz nach Warschau reiste, Friedrich August zum Frieden mit Schweden zu bewegen. Nur so viel ist sicher, sie gehörte zu jenen Frauen, die den Krieg ablehnten, die dieses Geschäft der Männer verabscheuten. Bekannt ist ihre Empfehlung an den polnischen König, „den Frieden dem zweifelhaften Erfolg des Krieges vorzuziehen". Es darf als sicher gelten, dass sie Friedrich August auch über private Schwierigkeiten informieren wollte. Der Sohn war inzwischen fünf Jahre alt. Eine standesgemäße Erziehung musste gesichert werden. Dazu war Geld notwendig. Und das war in ihrer

Kasse mehr als knapp. Und sicher suchte sie auch seinen Rat. Mit Ausbruch des Nordischen Krieges hatte Karl allen im Ausland lebenden männlichen Schweden befohlen, zurückzukehren. Wer sich weigerte, dem drohte die Todesstrafe. Löwenhaupt, der Mann ihrer Schwester, stand im sächsischen Dienst. Er hatte es versäumt, zum vorgeschriebenen Zeitpunkt zurückzukehren. Nun – da offener Krieg herrschte – war es für ihn doppelt gefährlich, verspätet aus dem sächsischen Dienst auszuscheiden und sich der schwedischen Krone zur Verfügung zu stellen. Aus einem Brief Löwenhaupts vom 25. Dezember 1701 an seine Frau geht hervor, dass sich Aurora für ihn verwenden wollte, „Ich weiß nicht, ob Dir die Gräfin (Aurora) geschrieben hat, dass sie aus Freundschaft für uns und auch in ihren eigenen Angelegenheiten eine Reise zum König von Schweden machen will. Noch ist mir ungewiß ob der unserige (König) damit zufrieden ist, doch wenn er seine Einstimmung giebt, habe ich große Erwartungen von ihrem Geschick, dass sie uns einen guten Ausweg aus unserer großen Verlegenheit verschafft."

Und es gibt noch einen weiteren persönlichen Grund für ihre Reise. Die schwedische Krone hatte in der so genannten Reduktion viele Adlige stark enteignet, besonders jene, die im Ausland lebten. Auf diese Weise hatte sie ein ganzes Stück Adelsopposition gebrochen. Zu den Enteigneten gehörten auch die Königsmarcks. Schon vor Jahren hatte sich Auroras Mutter in Stockholm bemüht, wenigstens einen Teil ihrer Besitzungen zurückzuerhalten. Ihre Bemühungen waren gescheitert. Sicher hoffte Aurora, mehr zu erreichen. Es gab also einige Gründe, warum Aurora zum polnischen König reiste und warum sie sich entschloss, Karl XII. persönlich zu sprechen.

Im Dezember verließ Maria Aurora das in der Nähe von Breslau gelegene Gut Wilxen. Polen fror. Zum Glück hatte es geschneit. Mit dem Schlitten reiste es sich besser über Polens schlechte Straßen. War sie entschlossen, als Friedensstifterin aufzutreten? Um ihre eigenen Geschäfte zu beraten, bedurfte sie nicht unbedingt Friedrich Augusts Rates. Hatte er sie gar gerufen? Wahrscheinlich nicht, denn Löwenhaupt soll es gewesen sein, der sie Friedrich August angekündigt und eine Audienz erbeten hatte.

Am zweiten Weihnachtsfeiertag erreichte Maria Aurora Warschau. Ihre Ankunft erregte wie Jahre zuvor in Dresden Aufsehen. Die deutschen Höfe hatten wieder ihren Klatsch. Die Ex-Geliebte beim polnischen König. Und ausgerechnet zu Weihnachten.

Wie Friedrich August sie aufnahm und was beredet wurde, kann nur vermutet werden. Ich stelle mir vor: Aurora, schon etwas füllig, kleidete sich sorgfältig an. Sie wusste, dass der König darauf großen Wert legte. Er empfing sie in seinem privaten Salon, ohne Zeugen. Er kam ihr entgegen, als sie den Raum betrat, fasste ihren Arm, als sie knicksen wollte. Er hatte es sofort bemerkt, sie hatte zugelegt, aber angenehm war sie ihm immer noch. Zwar war jede Leidenschaft erloschen, aber ein Stück Vertrautheit war geblieben. Er wird sich nach ihrem Wohlbefinden erkundigt haben, nach seinem Sohn. Darauf hatte sie gewartet. Mein König, wird sie gesagt haben, er ist jetzt fünf Jahre alt und Ihnen sehr ähnlich. Er hatte ihn ja inzwischen schon einige Male gesehen. Es war sein Sohn. Das war nicht zu leugnen. Sie hatte Recht, es war an der Zeit, dass er sich ordentlich um Moritz kümmerte. Hochverehrte Gräfin – wird er gesagt haben, wir werden das Nötige tun. Damit war das Kapitel beendet.

Und der Krieg? Und Schweden? Wer begann damit? Vermutlich Aurora. Denn Frieden mit Karl zu schließen, kam einem Verrat gleich. Immerhin war der Pakt, den die drei Fürsten besiegelt hatten, noch gültig. Andererseits kann es auch der Wettiner gewesen sein. Nichts konnte ihm gelegener kommen, als sich einer Frau zu bedienen. Das war unverdächtig. Und er wusste um ihr Geschick, wusste um ihren Charme. Wir werden es nicht erfahren. Ich stelle mir vor, sie war es, die Friedensstifterin. Vielleicht hat sie sich tief verbeugt. Mein König, mein Fürst. (Wie nur beginnen, um nicht seine Eitelkeit zu verletzen? Sie konnte doch nicht einfach sagen, es läuft schlecht für Sie, Friedrich August.) Vielleicht hat sie ihm gesagt: Die Polen danken es Ihnen nicht. Bedenken Sie es wohl, ob sie es verdienen. Oder: Sie hat ihm den Gedanken suggeriert, Karl Frieden vorzuschlagen. Ich werde für Sie bitten, wird sie gesagt haben. Schmeicheln Sie ihm seine Siege, bieten Sie ihm als Erster die Hand. Bedauern Sie den unglückseligen Waffengang. Polen ist es nicht wert, dass man kämpft. Russland auch nicht.

Sicher ist: Am 29. Dezember verließ Maria Aurora Warschau. Das Ziel ihrer Reise wurde bewusst verschleiert. Es hieß, sie kehre auf ihr schlesisches Landgut zurück, „um dort einige Zeit zu bleiben".

Nur wenige Eingeweihte wussten von ihrem diplomatischen Auftrag. Löwenhaupt: „Der Himmel wolle ihr am schwedischen Hof gnädig sein." Und Friedrich von Vitzthum, Friedrich Augusts Jugendfreund und Kuppler, wusste Bescheid. Maria Auroras Ziel war das schwedische Kriegslager. Wo sich der König zu der Zeit aufhielt, war unbekannt.

Im Winter zu reisen war beschwerlich. Das Land war tief verschneit. Der starke Frost der letzten beiden Tage hatte jedoch nachgelassen. Sie war voller Hoffnung. Königsberg war das Ziel. Vielleicht würde sie dort erfahren, wo sich Karl XII. aufhielt. Sie wird ihn ausfindig machen, und er wird sie anhören. Er musste sie anhören. Es gab seltsame Gerüchte über diesen Menschen. Es hieß, er ziehe so gut wie nie die Stiefel aus, auch nicht beim Schlafen. Die Kleidung würde er kaum wechseln. Derb sei er und ungehobelt, aber von seinen Soldaten geliebt, da er nicht mehr benötige als sie. Und: Zu Frauen sei er unwirsch, missachte sie gar.

Maria Aurora zog ihren Spiegel aus dem Kästchen, lächelte. Die Reise bekam ihr, die Kälte hatte ihre Haut gerötet. Soeben war auch die Sonne herausgekommen. Weit und flach lag das Land vor ihr. Die vier Pferde waren frisch. Wenn es gut ging, war sie in drei Tagen in Königsberg.

Dachte sie daran, dass durch Polen zu reisen gefährlich war? Es war Kriegsgebiet. Und so mancher Soldat holte sich, was er brauchte. Ihre Reisebegleitung war bewusst unauffällig gehalten. Eine Kammerzofe und ein Diener begleiteten sie, ein Lakai und ein Page. Und zwei Bewaffnete waren dabei. Darauf hatte Friedrich August bestanden. Für den Notfall. Sie hoffte, dass es zu keinem Notfall kam. Denn ganz ungefährlich – das wusste auch sie – war ihre Mission nicht. Sie führte Briefe mit sich, die niemandem in die Hände fallen durften. Ihr Inhalt war verräterisch. Friedrich August brach den Pakt. Hinter dem Rücken Peters und Friedrichs bot der Wettiner dem Schweden Frieden an. Erfuhr das der russische Zar, konnte das übel für den polnischen König ausgehen. Ihr Verhältnis war ohnehin angespannt. Der Wettiner warf dem Zaren vor, zu spät in den Krieg eingetreten zu sein. Und nun diese Briefe. „Ohne den geringsten Widerwillen schreibe ich Eurer Majästät", ließ Friedrich August seinen Vetter wissen, „und erneuere den seit einiger Zeit unterbrochenen Briefwechsel. Dieser Schritt wird Ihnen ungewöhnlich erscheinen wegen der zwischen uns obwaltenden Spannung (welch eine einfallsreiche Umschreibung für Krieg!), welche einige unruhige und eigennützige Menschen zur Beförderung ihrer Privatinteressen zu verlängern wünschen." In diesem Brief beschimpfte Friedrich August seine treulosen polnischen Untertanen, die polnische Republik und jene, die aus „Unserem Zwist" Vorteil ziehen wollten. „Diese Gründe veranlassen mich", versicherte er seinem lieben Verwandten, „Ihnen selbst Frieden anzutragen."

Es war also in der Tat nicht ganz ungefährlich, worauf Maria Aurora sich eingelassen hatte. Der Inhalt der Briefe war eindeutig. Der polnische König bat inständig um Frieden. Und sie musste die Nachricht überbringen. Ihre Reise wurde mit großer Aufmerksamkeit in Warschau verfolgt. Löwenhaupt in einem Brief an seine Frau am 22. Januar 1702: Ich „habe von der Gräfin zwei Schreiben aus Königsberg" erhalten. Und er tröstet seine Frau, die Schwester Auroras: „Von Königsberg bis zum Lager oder bis zu den Quartieren der Schweden muß sie nichts fürchten, denn sie berührt keine Gegenden, wo sie auf polnische oder lithauische Truppen, die ich mehr als Alles fürchte, treffen könnte." Und am 2. Februar: „Die Gräfin ist glücklich in Libau angekommen."

Maria Aurora gelang es, das Hauptquartier Karls ausfindig zu machen. Es lag in Würgen bei Mitau. Graf Piper, der königliche Rat und Vertraute Karls, empfing die Königsmarck. Er gab sich sehr liebenswürdig, versprach ernsthaft, das Seine zu tun. Sah sich Aurora, die der Mann verehrte, schon am Ziel?

Piper war ein Mann, der den Krieg zwischen Polen-Sachsen und Schweden als Unglück empfand und lieber heute als morgen Frieden schließen wollte. Er dürfte vom Angebot Friedrich Augusts

König Karl XII. von Schweden.

angetan gewesen sein: „Da die Gräfin Königsmarck zu dem Hofe ihres Herrn reist, um ihre eigenen Angelegenheiten zu besorgen, also habe ich mich der favorablen Gelegenheit bedinen wollen, um Euch die Hochachtung zu bezeugen, die ich für Euren Herrn hege. Ich habe nach nichts ein heftigeres Verlangen, als mit ihm in gutem Einvernehmen zu leben, da ich jetzt der Verpflichtung, die mich bisher benötigten, mit ihm Krieg zu führen, völlig frei und ledig bin. Lasst uns das gute Vertrauen wieder herstellen und es vollkommen machen, durch ein neues Bündnis, welches ich wegen unserer nahen Verwandtschaft und mit besonderer Inklination für den König Euren Herrn höchlichst ersehne. Ich bitt Euch all den Versicherungen, welche die Gräfin Königsmarck in meinem Namen gibt, Glauben zu schenken. Ich suche nichts ausser der Freundschaft des Königs, sowohl für mein eigenes Vergnügen, wie auch um seinen Ruhm zu vermehren."

Das war deutlich. Graf Piper waren die Königsmarcks bekannt. Er hatte sogar Maria Auroras Mutter vor Jahren getroffen. Dem polnischen König schien es mit dem Frieden ernst zu sein. Und es sprach für seine Absicht, dass er sich einer Frau als Diplomatin bediente. So war es unauffälliger. Denn das eine war ihm klar: Das Friedensangebot war Verrat an den Verbündeten des polnischen Königs. Es musste mit äußerster Vorsicht gehandelt werden. Lauscher und Spione gab es überall. Diskretion war Staatspflicht.

Graf Piper, liebenswürdig, versprach, sich um eine Audienz bei Karl zu bemühen. Maria Aurora war mit dem Beginn ihrer Mission zufrieden. Sie hatte den Grafen gewonnen, Karls engsten Vertrauten. Nun würde nichts mehr schief gehen.

Sie hielt sich im schwedischen Lager auf. Schwedische Offiziere erwiesen ihr alle Ehre. Sie war noch immer eine anziehende Frau. Ein großes Rätselraten über ihre Anwesenheit setzte ein. Tage vergingen. Sie wartete auf die Audienz. Graf Piper riet, sich in Geduld zu üben. Er kannte seinen jungen König, wusste, dass er vom Angebot des polnischen Königs überrascht sein würde. So schnell Karl bei Kriegsentschlüssen war, für Friedensdinge benötigte er mehr Zeit. Schließlich kam die Antwort. Karl lehnte ab. Er war nicht einmal bereit, Maria Aurora zu empfangen. Aber sie gab nicht auf. Sie war nicht durch den polnischen Winter gereist, hatte sich nicht Gefahren ausgesetzt, um sich von einem Jüngling abweisen zu lassen. Sie kannte Karl aus seinen Jugendjahren, wusste, wie linkisch er war. Sie nahm sich vor, ihn zu einer Begegnung zu zwingen. Falls er aber doch zu keinem Frieden bereit war, wollte sie wenigstens Erfolg in ihren Familiendingen haben. Sie schrieb ihm einen Brief. Und Graf Piper versprach erneut, sich zu kümmern. „Dass ich mich unterfangen Eure Maijestedt biss an diesen Ort, in begrif Ihrer conquesten zu suchen, ist bloss auss dem Trieb der Treue und dehmuth gegen Euer Maijeset meinen allgnädigsten König und Herrn geschen." Sie unterwarf sich dem König und bat für sich und ihre Verwandten, insbesondere für ihren Schwager Graf Carl Gustaf Löwenhaupt, um Gnade. Er, der schwedische König, möge ihm verzeihen, dass er nicht nach Schweden zurückgekehrt sei.

Karl blieb hart. In seiner brieflichen Antwort stellte er Löwenhaupt frei, sich vor dem königlichen Hofgericht in Kopenhagen zu verantworten.

Es ist vorstellbar, dass Maria Aurora niedergeschlagen umherging, dass sie mit dem Gedanken spielte aufzugeben. Zu eindeutig war Karls Absage. Dennoch versuchte sie noch einmal, den schwedischen König umzustimmen. Vergeblich. Karl ließ sie über Graf Piper wissen, dass er nicht bereit sei, Frieden zu schließen.

Geschichtliche Läufe sind zumeist von historischen Persönlichkeiten abhängig. Karl verspielte die Chance, Europa zu befrieden. Er wollte den Verbündeten Rußlands und Dänemarks, Friedrich August, schlagen, wollte in Moskau einmarschieren. Bekannt geworden ist seine Antwort. „Ich verhandle grundsätzlich nur in den Hauptstädten meiner Feinde." Selbst ein späteres Friedensangebot Peters schlug er aus: „… ich werde also Gelegenheit haben, in Moskau auf die Vorschläge des Zaren zurückzukommen." Er sollte sich irren.

Kuriere machten sich nach Warschau auf und überbrachten dem Wettiner Karls Ablehnung. Es spricht für den Friedenswillen Friedrich Augusts, dass er nicht sogleich bereit war, es bei der

Ablehnung bewenden zu lassen. Er beauftragte seinen Kammerherrn und Stallmeister Vitzthum von Eckstädt erneut mit einer geheimen Mission.

Maria Aurora – noch immer nicht bereit aufzugeben – griff zu einer List. Sie erfuhr, dass Karl zu einer bestimmten Zeit allein auszureiten pflegte. Karls Biographen berichten, dass sie den schwedischen König in einem Hohlweg abpasste. Als er sich der Kutsche näherte, in der sie auf ihn wartete, stieg sie aus und stellte sich ihm in den Weg. Er jedoch zog nur den Hut und ritt davon. Voltaire schreibt in seinem Buch über Karl XII., nicht ohne Sarkasmus. „Alle Reize der Weiblichkeit waren bei einem Mann, wie dem König von Schweden, verloren ... So gewann die Gräfin auf ihrer Reise nichts als die Genugtuung, sich einbilden zu können, der König von Schweden fürchte nur sie ..."

Aber selbst diese Niederlage schien ihren Willen, Frieden zu stiften, nicht brechen zu können. Sie verließ das schwedische Lager, um mit Vitzthum zusammenzukommen. An einem unbekannten Ort traf sie sich mit Friedrich Augusts Vertrautem und erfuhr von neuen Instruktionen. Nun versuchten beide, Karl zu einem Treffen zu bewegen. Wieder wurde Piper zum Ansprechpartner. Sie schrieb: „Hier ist Herr von Vitzthum, der einen Brief bringt: Ich weiss nicht, was er enthält, aber ich zweifle nicht, dass er der Ausdruck der Hochachtung und Zärtlichkeit ist. Es ist wahr, dass zu Anfang der König von Polen gegen unsern unvergleichlichen Herrn alles unternommen hat, aber das war zu einer Zeit, wo er ihn durch seine grossen Taten noch nicht kannte wie jetzt. Seit sein Ruhm so schön ist, kann er unmöglich länger sein Feind sein. Kurz, er ist entschlossen, um jeden Preis seine Freundschaft wieder zu gewinnen, und ich versichere Sie, Monsieur, dass dies nicht etwa aus Zwang geschieht, denn der König von Polen hat noch viele Mittel, sondern aus reiner Zuneigung und Hochachtung. Was will denn der König von Schweden? Man kann die nicht immer hassen, die uns lieben?"

Der Brief war eine einzige Beschwörung, Vernunft walten zu lassen. Und Aurora versicherte Graf Piper noch einmal: „Ich scheue weder die Reise noch die Mühe. Ich würde mit größter

Zufriedenheit davon zurückkehren, wenn es mir nur erlaubt ist, dem König zu sagen, was ich ihm mitzuteilen habe."

Ihre Mühen waren auch diesmal umsonst. Karl blieb stur. Er soll Maria Aurora sogar als Hure bezeichnet haben. Und mit Huren rede er nicht. Vitzthum scheiterte ebenfalls. Er wurde festgenommen und auf der Festung Riga in Arrest gesetzt. Es war deutlich: Der schwedische König wollte keinen Frieden. Zu sehr fühlte er sich seinen Gegnern überlegen.

Maria Auroras Bemühungen um Frieden hatten in den europäischen Residenzen großes Aufsehen erregt. Die männliche Diplomatenriege fühlte sich in ihrer Eitelkeit getroffen. Der französische Gesandte am polnischen Hof in Warschau: „Ich glaube kaum, dass eine Abasadrice (Botschafterin) in Schleifen bei dem schwedischen König etwas auszurichten vermag." Als allgemein bekannt wurde, dass die ehemalige Geliebte Friedrich Augusts mit ihrer Mission gescheitert war, soll es an verschiedenen Höfen zu Gelächter gekommen sein. In Briefen, gar in Spottversen wurde ihre erfolglose Mission beklatscht. Tröstlich ist, dass auch der Schwedenkönig etwas abbekam. In einer Strophe heißt es: Die süsse Liebe kann sein Herz nicht rühren! / Sieh: Venus steht und hat die Hand gereicht; / Ach, schöner Held, lasst euch doch mal verführen: / Mars war doch sonst stets Venus zugeneigt. Karl selbst soll auf diese Verse geanwortet haben: Fort, fort, Aurora, hier kannst du nichts erreichen! / Was hast du dich nach tapferen Helden umzusehen? / Mars läßt sich nicht durch deinen Mund erweichen; / Dein Liebespförtlein mag umsonst nun offen stehen.

Aurora kehrte nach Königsberg zurück. Sie hielt sich dort mehrere Wochen auf. Hoffte sie immer noch? Im Frühjahr brachen neue Feindseligkeiten zwischen Polen und Schweden aus. Karl war entschlossen, dem polnischen König die Krone abzunehmen. Dessen Truppen wurden durch das große Polenland gehetzt. Schließlich kam es bei Kliszow zur Schlacht. Sie endete mit einer vernichtenden Niederlage der sächsisch-polnischen Armee. Nun musste selbst das Kurfürstentum Sachsen eine schwedische Besetzung befürchten. In Sachsen wuchs die Unzufriedenheit. Immer weniger verstand man, dass der Kurfürst sein eigenes Land gefährdete.

Friedrich August, der Polen so glücklos regierte, war offenbar nicht bereit, sich unterkriegen zu lassen. Er stellte sich den Schweden entgegen. Vielleicht ermutigt von seiner neuen Geliebten, einer Polin.

Und Maria Aurora? Irgendwann verließ sie Königsberg. Eine ungewisse Zukunft lag vor ihr. In Quedlinburg wurde sie angefeindet. Aber sie hatte keine Wahl, sie musste sich dort durchsetzen und Äbtissin werden.

Die Lubomirska

Die Gräfin Lubomirska war die erste polnische Frau, der sich Friedrich August zuwandte (vielleicht muss ich sagen: die sich für ihn interessierte). Sie erlebte seinen Aufstieg als König, seine Zuversicht, Polen für sich zu gewinnen. Und sie erlebte seine ersten Schwierigkeiten im Lande des Weißen Adlers. Sie begannen früher und heftiger, als es der Wettiner für möglich gehalten hatte. Bald wird er die polnische Krone als „Dornenkrone" bezeichnen. Die Lubomirska hielt zu ihm, oft gegen den Widerstand der Polen.

Friedrich August war 1697 vor Warschau zum polnischen König gewählt worden, ohne dass er anwesend war. Sofort gab es Schwierigkeiten. Als ihn seine Gegner im Lande wussten, bildeten sie eine Konföderation und erklärten dem unerwünschten König den Krieg. Zum Glück blieben ihre Kassen leer. Frankreich, auf das sie gehofft hatten, schickte kein Geld. Mit leeren Kassen war kein Krieg zu führen. Nachdem schließlich der französische Königsanwärter von einem Trupp beherzter Sachsen aus Polen getrieben war, bereitete Friedrich den Einzug in Warschau vor. Damit ließ er sich Zeit. Verebben sollte der Groll gegen ihn, abfinden sollten sich die polnischen Großmäuler und Habenichtse mit ihm.

Er würde ihnen schon beweisen, dass er ein Mann der Tat war. Ob sich Friedrich August ärgerte, dass ihn der mächtigste Mann in Polen, der Kardinalprimas, nicht gekrönt hatte? Er würde vorsichtig sein müssen. Die Polen waren schwierig. Sie hatten für ihre Krone viel gefordert, und er hatte viel versprochen. Die vernachlässigten Festungen mussten erneuert werden. Livland sollte er von Schweden zurückerobern. Es sollte wieder polnisch werden. Den Türken, die immer wieder aufs Neue auch das polnische Reich bedrohten, würde er nicht aus dem Weg gehen können. Dachte Friedrich August an den verstorbenen polnischen König Jan Sobieski? Er hatte sehr erfolgreich gegen den Halbmond gekämpft. Er und sein Vater hatten gemeinsam vor Wien gestanden und die Türken besiegt. Wollte er Sobieski nacheifern und den Polen beweisen, dass er, Friedrich August, der sächsische Kurfürst, ebenso gut und tapfer war wie Sobieski?

Gräfin Lubomirska, die erste polnische Geliebte Friedrich Augusts.

Friedrich August schickte Flemming, seinen engsten Berater, nach Warschau. Er sollte die Stimmung erkunden. Als Flemming zurückkehrte und berichtete, war Friedrich August zufrieden. Die letzten Gegner würde er bestechen. Dann würde Ruhe sein. Dem Kardinalprimas ließ er 100 000 Taler zukommen. Der Mann nahm gern. Sobieskis Witwe, die so gern ihren ältesten Sohn als polnischen König gesehen hätte, beschenkte er großzügig. Die kostbaren Juwelen erfreuten sie, und sie verschmerzte ihre Niederlage. Ohne viel Aufsehen zog Friedrich August ins Warschauer Schloss ein. Besonders einladend war es nicht. Die polnische Republik, der es gehörte, hatte es ziemlich verkommen lassen. Da war viel Arbeit. Er rief seine besten Architekten aus Dresden nach Warschau. Er hatte einiges mit dem alten Schloss vor. Vor allem wohnlicher musste es werden. Langsam zeigte er den Polen, wie er es zu halten gedachte. Die ersten Bälle erregten Aufsehen. Darauf verstand sich der polnische Adel. Das Schloss erstrahlte öfter im Licht. Das missfiel den Polen nicht.

Es ist anzunehmen, dass Friedrich August die Lubomirska auf einem dieser Bälle kennenlernte, vielleicht auch während eines Turnierspiels. Wann sie Mätresse wurde, ist nicht genau zu ermitteln. Bewiesen ist auch nicht die häufige Behauptung, dass die Lubomirska bewusst ins Umfeld des Königs gerückt wurde, damit sie ihm auffiele. Und schon nirgends gibt es einen Beleg, dass der polnische Adel der Meinung war, dass ihr König eine polnische Mätresse haben müsse. Die Geschichte, wie sich der König und die Lubomirska kennen lernten, ist rührend. Pöllnitz war wieder dabei. Er weiß von einer ehrbaren Frau zu erzählen, die sich lange gewehrt hatte, ehe sie den fremden König erhörte. „Er nahm das Herz der Fürstin nach allen Regeln der Galanterie in Angriff. Sie verteidigte sich heldenmütig und schien weder die Seufzer noch die verliebten Blicke des Königs zu bemerken. Wenn der König mit ihr sprach, antwortete sie ihm ehrerbietig, aber doch wie die Fürstin eines freien Königreiches, was den König noch mehr entflammte. Die Fürstin liebte kostspielige Vergnügen. An nichts wurde gespart. Man ließ französische Schauspieler und Musiker aus Dresden kommen. Täglich gab es Theater, Bälle, Reitspiele, Jagden, Bootsfahrten auf der Weichsel, Lotterien und geräuschvolle Belustigungen. Nie zuvor hatte Warschau solchen Glanz gesehen. Als eines Tages der

König beim Ringelstechen die ersten Preise errungen hatte, ließ er sich Pferde vorführen, die vor kurzem aus der Türkei angekommen waren. Obwohl sie noch nicht zugeritten waren, wollte er sie doch reiten. Der König und Herr von Vitzthum ritten die wildesten." Die Mär geht weiter. Der König stürzte vom Pferd. Die Lubomirska lief auf ihn zu. Als sie Blut sah, sank sie in Ohnmacht. Der König wusste diese Anteilnahme zu schätzen. „Der Zustand, in dem er sie sah, brachte ihn vollends zu sich. Er stand auf, eilte ihr zur Hilfe und erreichte sie gerade, als sie die Augen aufschlug und mit matter Stimme ihre Cousine fragte: ʼIst der König tot?ʻ" Die Liaison begann. Manche meinen, dass Friedrich August schon sehr früh auf die Lubomirska aufmerksam wurde, schon 1698, andere meinen erst ein Jahr später. So viel ist gewiss: Bei der Belagerung von Riga zu Beginn des Nordischen Krieges Anfang 1700 war sie dabei.

Ritt sie an Friedrich Augusts Seite? Vor ihnen lag die Festung. Seit Wochen bereiteten die Sachsen den Sturm vor. Heimlich ließ der polnische König sächsische Regimenter in Litauen einmarschieren, zum Teil sogar in Zivil. Die Dinge schienen sich gut zu entwickeln. Peter, sein Verbündeter, teilte ihm mit, dass er zum Angriff auf die von Schweden besetzte Festung Narva bereit sei, wenn auch etwas später als abgesprochen. Der dänische König ließ seinen lieben Verwandten wissen, dass seine Flotte vor dem Auslaufen stehe. Die Schweden hatten inzwischen von den Vorgängen Wind bekommen. Sie stellten sich auf Verteidigung ein.

Es ist nicht bekannt, wie die Lubomirska zum Krieg mit Schweden stand. Gesichert ist, dass sie mit Flemming eng befreundet war. Flemming riet im letzten Augenblick vom Krieg ab. Nahm sie seine Position ein? Da sie viel von Flemming hielt, könnte das angenommen werden. Flemmings Warnungen stießen auf kein Gehör. Friedrich August war zum Kampf entschlossen. Träumte er wieder einmal von Soldatenruhm? Zu Flemmings Bedenken meinte er: „Ich habe Eure Difficultäten (Schwierigkeiten) wohl erwäget, allein ich hoffe doch, dass die Sache wohl gehen soll. Ihr müßt nur ein gutes Herz haben. Gelder will ich euch schon schaffen. Das Land ist entblößt von Volk, und ehe die Hülfe aus Schweden kommt, bin ich mit meiner übrigen Armee auch in Livland."

Die Lubomirska hatte darauf bestanden, ihn in den Krieg zu begleiten. Das wird ihm das Herz gewärmt haben. Vielleicht nahm er es als gutes Omen. Die Geliebte an seiner Seite, unerschrocken Er würde ihr beweisen, dass er ein guter Soldat war. Die Schweden würden kapitulieren und die Festung aufgeben. Der Sieg würde seine polnischen Opponenten überzeugen, dass er es ernst mit seinen Versprechungen meinte. Sie, die Lubomirska, war die Nichte seines größten Gegners, des Kardinalprimas. Sie würde dem Mann berichten, wie glanzvoll der Sieg errungen wurde.

Er schaute zur Festung hinüber. Es war an der Zeit, den Befehl zum Angriff zu geben. Er sah die Frau an, die mit ihm ins Feldlager gezogen war. Er erinnerte sich an ihre erste Begegnung. Morgens hatte sie sich mit eiskaltem Wasser gewaschen. Als er erfahren hatte, wer sie war, war sein Misstrauen erwacht. Schickte man sie in seine Nähe, damit sie ihn ausspioniere? Sein Misstrauen legte sich bald. Sie warnte ihn vor seinen Feinden, auch vor dem Kardinal. Halten Sie die Augen offen, mein König, Sie sind nicht von Freunden umgeben. Man missgönnt Ihnen den Erfolg. Und nun hatte sie darauf bestanden, ihn in den Krieg zu begleiten. Eine wunderbare Frau!

Sie standen auf einer Anhöhe. Flemming setzte ihn genau ins Bild. Plötzlich ritt die Lubomirska in Richtung Festung davon. Friedrich August erschrak. Er und Flemming setzten ihr nach, hatten Mühe, sie einzuholen. Friedrich August riss seinen Schimmel herum, versperrte ihr den Weg. Sie lachte. Ihr Haar im Wind, das Gesicht gerötet. Welch ein verrücktes Weib! Er liebte sie sehr in diesem Augenblick. Sie kehrten zur Anhöhe zurück. Er gab Befehl zum Angriff. So könnte es gewesen sein.

Der Angriff auf die Festung Riga geriet schnell ins Stocken. Er war miserabel vorbereitet. Es fehlten Kanonen und Munition. Die Kavallerie versagte. Die Schweden widersetzten sich erfolgreich dem übermächtigen Gegner.

Der unglückliche Beginn des Nordischen Krieges ermutigte sofort Friedrich Augusts Gegner. Sie warfen ihm vor, den Krieg ohne Zustimmung des Reichstages begonnen zu haben, und verweigerten den Einsatz der polnischen Kronarmee. Die Einnahme Rigas misslang. Zuvor war schon Dänemark geschlagen worden. Die Besetzung Kopenhagens drohte. England und Holland verhinderten sie. Bald war das Debakel perfekt. Karl ging gegen die mehrmalige Übermacht der Russen vor und vernichtete sie im November in der Schlacht bei Narva. Europa hatte einen neuen Kriegshelden: Karl XII. Russland war vorerst militärisch erledigt. Der Versuch Friedrich Augusts, mit Schweden Frieden zu schließen, blieb – wie wir wissen – erfolglos. Sachsen-Polen erlitt weitere Niederlagen. Karl besetzte polnische Gebiete. Der junge Schwede – nun schon als unschlagbar geltend – verlangte vom polnischen Adel die Absetzung Friedrich Augusts als König. Das war selbst den Polen zu viel Einmischung. Sie lehnten ab.

Am 12. Mai 1702 rückten Karls Truppen in Warschau ein. Friedrich August hatte die Stadt kampflos geräumt und war in Richtung Krakau ausgewichen. Karl setzte nach. Erneut kam es zum Kampf, erneut siegten die Schweden in der Schlacht bei Kliszow. Krakau fiel. Die alte polnische Königsstadt war in Karls Händen. Das Kriegsglück hatte sich wieder einmal dem Sachsen entzogen. Die Lubomirska hielt zum Wettiner. Sie begleitete ihn auf seinen weiteren Kriegszügen. Eine erstaunliche Frau.

Ursula Kathérina war eine geborene von Boccum, Tochter eines Stolnicks von Litauen. Als sie Friedrich August kennenlernte, war sie schon einige Jahre mit dem Kronoberherrn Dominic Fürst von Lubomirski verheiratet. Die Ehe war katholisch geschlossen worden, also nach dem Gesetz unscheidbar. Friedrich August machte Kathérina den Hof. Ein Skandal drohte. Fürst Lubomirski nahm Augusts Werben nicht hin. Er fühlte sich in seiner Ehre verletzt. Er drohte dem Wettiner. Versuche, Lubomirski zu mäßigen, schlugen fehl. Ursula Kathérina zeigte Friedrich August ihre Zuneigung ganz offen. Um einen Skandal zu vermeiden, musste gehandelt werden. Lubomirski forderte seine Frau auf, sich mit ihm aufs Land zurückzuziehen. Kathérina lehnte ab. Das war der offene Bruch. Schließlich wurde ein Ausweg gefunden. Die große liebende Mutter, die katholische Kirche, schied die Ehe. Mehr noch: Ursula Kathérina wurde sogar gestattet, sich wieder zu verheiraten. Das war ungewöhnlich. Bei Scheidungen wegen Untreue wurden künftige Eheschließungen meist verboten. Lubomirski zog sich aufs Land zurück. Er wird hinfort zu einem der ärgsten Gegner Friedrich Augusts. Es ist möglich, dass bei all dem höhere Ziele im Spiel waren. Vielleicht sollte die Lubomirska den Wettiner tatsächlich im Interesse Polens beeinflussen, ihn lenken und führen. Aber dieser Wunsch ging offensichtlich nicht auf. Sie blieb in schwierigen Zeiten bei ihm und ermutigte ihn, sich gegen den polnischen Adel zur Wehr zu setzen. Und dazu hatte er Grund. Ihm wurde alle erdenkliche Schuld zugewiesen, dass die schwedischen Truppen Polen plünderten und den Fortbestand der Krone gefährdeten, dass er überhaupt Krieg führte. Lauter wurden die Stimmen, die Friedrich Augusts Absetzung forderten. Rührig wurde auch wieder der Kardinal. Er hatte zwar die Taler genommen, aber deshalb sah er sich in keiner Weise verpflichtet, Burgfrieden zu halten.

Die Lubomirska kannte ihre Polen; sie wusste, wie schnell sie ihre Fahnen in den Wind hingen, wie gern sie ihr Versagen anderen zuwiesen. Friedrich August hatte ihr abgeraten, mit dem Kardinalprimas zu sprechen. Er wusste, den Mann würde er niemals gewinnen. Sie war aufgebraust. Eine deutliche Sprache der Macht verstand auch der Kardinal. Sie sprach bei ihrem Onkel vor. Bekannt geworden sind ihre Worte. „Man hat ihn zum König gewählt, nun soll er es auch bleiben." Das missfiel Friedrich Augusts Gegnern. Sie machten offen Front gegen Kathérina, ohne sie einschüchtern zu können. Friedrich August hatte wieder einmal eine Geliebte, die klug und mutig war. Mochte er solche Frauen? Auch Maria Aurora hatte ihren Kopf gehabt. Als er sie nicht mehr wollte, hatte sie sich still und stolz zurückgezogen und ihn wissen lassen, dass er mit ihr rechnen könne, wenn es notwendig werden sollte. Es war notwendig geworden. Er hatte sie zu Karl geschickt, damit sie um Frieden bitte.

Der Kardinalprimas schwieg. Es wäre sicher vermessen zu behaupten, dass dies das Verdienst der Lubomirska war. Inzwischen wurden auch Stimmen laut, die sich gegen die Schweden wandten. Sie bedienten sich am polnischen Eigentum, plünderten Höfe und Adelssitze, schlugen jeden Widerstand grausam nieder. Karl XII. 1703 in einem Brief an seinen General Carl Gustav Rehnskiöld: „Der Ort, wo irgendeine Attacke von den

Volochern ausgeführt wird, muß niedergebrannt werden, mögen die Besitzer schuldig sein oder nicht." Und in einem weiteren Befehl drei Wochen später: „Die Einwohner im Lande, die Ihr fangen könnt und auf denen der geringste Verdacht haftet, dass sie etwas Unrechtes getan haben, müssen sofort auf halben Beweis hin gehängt werden, so dass Furcht entsteht und sie wissen, dass, wenn man ernstlich mit ihnen anfängt, auch das Kind in der Wiege nicht geschont wird. Neulich habe ich eine ganze Stadt eingeäschert und die Bürger aufgehängt."

Diese Worte verdeutlichen, dass der Widerstand in Polen gegen den Schweden wuchs. Es bildete sich eine Konföderation. Sie setzte den Schweden militärischen Widerstand entgegen. Der Wettiner erhielt nun auch politische Unterstützung. Karl reagierte auf seine Art. Er zimmerte eine Gegenkonföderation zusammen und setzte Friedrich August als König ab. Auf Drängen Karls wurde ein polnischer König gewählt, der Wojewode von Posen, Stanislaw Leszczynski. Zwei Könige und ein zerstrittenes Land. Frieden war nicht in Sicht.

Es wird oft behauptet, dass der Wettiner zu seinen Mätressen ein oberflächliches Verhältnis hatte, dass er nur den Genuss liebte. Selbst einer seiner Vertrauten, Flemming, schreibt: „Seine Mätressen denken, er liebe sie so, wie er sagt. Aber er hat sie nur zu seiner Freude, und da die Genußsucht ihn vornehmlich beherrscht, so kann er viel ertragen, um seine Freude nicht zu verlieren." Flemmings Urteil scheint zumindest im Falle der Lubomirska nicht zuzutreffen. Friedrich August schätzte sie. Sie hatte sich mehrfach gegen Karl gestellt. Ihr wird nachgesagt, dass sie einen gewissen Anteil an der Gründung der Konföderation hatte, die sich auf die Seite des Wettiners stellte. Friedrich August schickte sie im Mai 1704 nach Dresden. Dafür hatte er triftige Gründe. Das Leben in Polen war unsicher, in Warschau war nur noch selten ein Bleiben. Und: Ursula Kathérina war schwanger.

Ich stelle mir vor: Als sie es entdeckte, wurde sie etwas kopflos. Sie wollte an seiner Seite bleiben. Er war zu unbesonnen, vertraute immer zu vielen, hoffte auf einen Sieg. Sie sah es deutlicher. Ein Sieg war kaum noch möglich. Kronarmee und Adel redeten viel,

August der Starke war noch in Polen, als die Schweden in Sachsen einfielen.

aber es blieb meist bei Worten. Der Krieg war eingebrockt, und nun wollten die Polen ihn nicht auslöffeln. Er führte den Krieg doch für sie, er hatte es ihnen versprochen. Sie zögerte es lange heraus, ihm zu sagen, dass sie ein Kind erwarte. Sie war nicht sicher, wie er es aufnehmen würde. Wenn er sich nicht freute, würde sie es schwer verwinden.

Quellen belegen, dass sich Friedrich August sehr um das Kind und die Mutter sorgte. In einem Brief vom 23. Juli 1704 an seinen Statthalter Fürstenberg kündigte er die Geburt seines Kindes an und bat ihn, „mit der Mutter das Taufzeremoniell zu besprechen". In einem weiteren Brief, nur einen Monat später, bat er Fürstenberg, sich um die Lubomirska zu sorgen, auf die er „nächst Gott seine größten Hoffnungen" setze.

Die Lubomirska in Dresden und schwanger. Das war ein Ereignis. Die puritanischen Seelen kochten. Nun schickte der Kurfürst auch noch seine schwangeren Mätressen an den Hof. Krieg führte er, Krieg für ein fremdes Land. Die Stimmung in Sachsen eskalierte. Millionen Taler flossen in Richtung Polen. Die in die Armee gepressten Soldaten murrten. Ganze Dörfer verweigerten sich, sie waren leer, wenn die Werber kamen. Man war nicht gut auf den Kurfürsten und seine Mätresse zu sprechen. Schon hatte Karl gedroht, Sachsen zu besetzen, wenn der Wettiner nicht aufgab.

Von Dresden aus beobachtete die Lubomirska, wie Friedrich August durch Polen gejagt wurde. Am 21. August gebar sie einen Sohn. Er wurde auf den Namen Johann Georg getauft, zur Erinnerung an Friedrich Augusts Vater.

Am 30. November 1704 traf der sächsische Kurfürst unerwartet in Dresden ein. Sein erster Weg führte ihn zu Mutter und Sohn. Endlich ist er da, mag sie gedacht haben, sie hat ihn vermisst, er hat lange auf sich warten lassen. Liebte er sie? Sie war sich nicht sicher. Vor ihr stand ein Mann, gezeichnet von Missgeschick und Kriegsunglück. Sie hatte ihn vor ihren Landsleuten gewarnt. Sie würden es ihm nicht danken. Er hatte ihre Warnungen in den Wind geschlagen, hatte geglaubt, die Polen mit Liebenswürdigkeit und großen Festen zu gewinnen. Jetzt wusste er, dass sie Recht behalten hatte. „Es sieht übel aus", sagte er. „Man ist uns nicht gnädig. Aber endgültig verloren ist noch nichts." Sie verstand ihn nicht. Warum gab er nicht auf? Das Land hier war schön. Er konnte doch genug damit haben. Und es gab viel zu tun. Wenn er weiter Krieg führte, würde es noch verarmen. Sie hatte sie gesehen, die Armen, die Bettler vor den Toren, die Landstreicher. Es war nicht so schlimm wie in Polen, aber schlimm genug. Sah er das nicht? „Mein König", sagte sie, „es gefällt mir in Dresden." Sie sah, dass er begriff. Sie wollte nicht nach Polen zurück. Fürstenberg und Flemming waren liebenswürdig zur ihr, schmeichelten ihr. Nein, sie wollte bleiben. Hier konnte der Sohn in Ruhe aufwachsen. Ihm war es recht, dass sie in Dresden blieb. Da wusste er sie in Sicherheit und versorgt. Er wollte ohnehin nur kurz in Sachsen bleiben. Polen rief ihn. Er wollte es noch einmal wagen, sich Karl entschieden entgegenzustellen.

Auch diesmal blieb sein Versuch ohne Erfolg. Arges kam auf Sachsen zu. Friedrich August war noch in Polen, als die Schweden in Sachsen einmarschierten. Als sie ihn wiedersah, erschien er ihr verändert. Wahrscheinlich ertrug er die Niederlage nicht. Welcher Mann hatte es schon gern, Niederlagen eingestehen zu müssen. Bald blieb er häufiger fort. Wenn er zu ihr kam, war er unaufmerksam, ständig in Eile. Das sah sie sich nicht länger an. War eine andere Frau im Spiel? Sie fragte, er wich aus. Das genügte ihr. Er war wieder in Sachsen, er brauchte sie nicht. Sie spürte es, das Feuer war erloschen. Bald erfuhr sie, dass er der Frau seines Akzisedirektors Hoym den Hof machte. Sie geriet in Zorn, stellte ihn zur Rede. Er gab zu, dass er sich um eine andere Frau bemühte. Das war deutlich. Sie hatte ausgedient. Und sie wünschte ihm alle Plagen an den Hals. So leicht würde sie ihm die Entlassung nicht machen. Er hatte für sie und seinen Sohn zu sorgen. Das sicherte er ihr zu. Als ihr Flemming mitteilte, dass der König wünsche, dass sie Dresden verlasse, wurde sie mutlos. Aber bald schickte sie sich in ihr Schicksal. Sie wollte sich den Anblick der anderen ersparen.

Es ist verbürgt, dass Ursula Kathérina, die Friedrich August zur Fürstin von Teschen hatte erheben lassen, Dresden für kurze Zeit verließ. Hat die Cosel, deren Stern aufging, darauf bestanden? Ursula Kathérina hielt sich in Breslau auf. Es gelang ihr, Friedrich Augusts Zustimmung zur Rückkehr nach Dresden zu erlangen. Mehr noch: Er schenkte ihr ein Palais in der Pirnaischen Straße. Bereits 1704 hatte ihr Friedrich August die Herrschaft Hoyerswerda überschrieben. Damit bedankte er sich für die Geburt seines Sohnes. Später erhielt sie noch einige Güter in der Oberlausitz. Ihr Auskommen also war gesichert, zumal ihr der Wettiner eine Jahresrente von 20 000 Talern zahlte.

Die Fürstin von Teschen zog es auch später vor, in Dresden zu leben. Sie blieb eine angesehene Person. Besonders gern hatte sie Künstler und junge Leute um sich. 1722 heiratete sie einen Prinzen aus dem Hause Württemberg. Ludwig, ihr Mann, war zehn Jahre jünger als sie. Er trat später in den kaiserlichen Dienst und fiel 1734 in der Schlacht bei Guastella. Da war Friedrich August schon ein reichliches Jahr tot. Sie selbst starb 1744, 63 Jahre alt. Das Begräbnis wurde zu einer großen Huldigung der einstigen Geliebten des Wettiners. Junge Adlige trugen den Sarg. Thoma, der Bildhauer, und der junge Pöppelmann, der Sohn des bedeutenden Architekten, trauerten um sie.

Constantias glanzvoller Aufstieg

Anna Constantia von Brockdorf hatte schon einiges hinter sich, ehe sie die Mätresse Friedrich Augusts wurde. Ihre Kindheit auf dem elterlichen Gut in Depenau in Schleswig-Holstein war nicht üppig. Die Zeit als Hoffräulein im Schloss Gottorf bei Schleswig an der Schlei waren Lehrjahre in niedriger Stellung. Dann aber veränderte sich unerwartet ihr Leben. Sophie Amalia, Prinzessin auf Gottorf, der Constantia beim An- und Auskleiden half, heiratete den Erbprinzen von Braunschweig-Wolfenbüttel. Constantia durfte Sophie Amalia an den neuen Hof begleiten. In Wolfenbüttel regierte Herzog Arthur Ulrich, zu seiner Zeit ein viel gelesener Buchautor. Wolfenbüttel war aufregender als Gottorf. Knapp acht Jahre brachte Constantia in der Residenz zu, ohne dass sich ein standesgemäßer Bewerber einfand. Dann entledigte man sich ihrer und schickte sie nach Depenau zurück. Ein Skandal drohte. Ludwig Rudolf, Mitglied des fürstlichen Hauses, hatte Constantia zu seiner Geliebten gemacht. Sie kehrte in Schande ins elterliche Haus zurück und gebar ein Kind. Ihre künftige gesell-schaftliche Stellung schien erledigt. Aber das Schicksal hatte ande-res mit ihr vor.

Magnus von Hoym, Kammerpräsident, Akzisedirektor und Friedrich Augusts Finanzexperte, war auf der Suche nach einer schönen Frau. Er stellte sich in Depenau ein. Delikat war der Mann nicht. Dicklich und pausbäckig parlierte er in breitem Sächsisch. Die Eltern zogen Erkundungen ein. Hoym, dem beste Beziehungen zum sächsischen Kurfürsten und polnischen König nachgesagt wurden, war eine gute Partie. Dass er zwölf Jahre älter war als Constantia, fiel nicht ins Gewicht. Für die verarmten Brockdorfs ergab sich die Chance, die missratene Tochter loszu-werden. Constantia willigte in die Ehe ein. Weg von Depenau, wo sie nur versauern konnte, weg, weg! Dresden war eine Chance, wie-der zu leben. Aber plötzlich schien das Heiratsprojekt gefährdet. Hoym zog sich zurück, ließ längere Zeit nichts von sich hören. Hatte er von Constantias Vergangenheit erfahren? Störte sie ihn? War ihm die abgelegte Mätresse aus Wolfenbüttel nicht gut genug? Ungewisse Wochen vergingen. Aber dann wurde doch am 2. Juni 1703 auf Gut Depenau gehochzeitet. Constantia strahlte. Das hatte

Anna Constantia von Brockdorf, die Gräfin Cosel.

sie in Wolfenbüttel gelernt, auch wenn es ihr nicht danach war. Bereits im Sommer 1703 war Anna Constantia von Brockdorf in Dresden. Sie war 22 Jahre alt.

Dresden beeindruckte Constantia. Das Schloss der Wettiner war trotz der Brandstellen imposant. Auf dem Altmarkt herrschte fast täglich reges Treiben. Hoyms Haus war geräumig. Sie machte ihre ersten Anstandsbesuche und wartete darauf, dass Hoym sie bei Hofe einführte. Aber Hoym, ihr Mann, schien wenig interessiert zu sein.

In Hoyms Haus lebte noch eine zweite Frau. Constantia entdeckte, dass Hoym mit ihr ein Verhältnis hatte. Sie fühlte sich in ihrer Ehre verletzt. Sie hatte Hoym nicht geheiratet, um eine andere neben sich zu dulden. Sie stellte ihn zur Rede. Es gab den ersten Krach. Die Ehe missriet. Was sollte sie tun? Nach Depenau zurückkehren - das zweite Mal gescheitert? Sie bat Hoym, die Frau außer Haus zu schicken. Hoym lehnte ab, bestand aber auf seinen ehelichen Rechten. Constantia verweigerte sich ihm.

Dass sich eine Frau ihrem Mann widersetzte, war gegen alle Gepflogenheiten und alles Recht. Hoym drohte mit Trennung, wenn sie sich ihm nicht fügte. Constantia war nicht bereit, sich weiter missbrauchen zu lassen. Ein Brief vom Juni 1704 belegt: „... weilen euch mein Umgang und manier unerdräglich scheinet, ich dergleichen sentiments auch von euch habe und mich euher hartes tractament so desperat macht, dass ich mich vielmals den dodt wünsche, würde also meine verdrislichkeiten und chagrins (Gram) abzuhelffen mir in der welt nichts liebers widerfahren können, als wen euher bedrohung nach unsere gäntzliche seperation balt befördert würde."

Der Brief verdeutlicht einen Charakterzug Constantias: Sie lässt sich ihre Würde als Frau nicht nehmen und widersetzt sich der üblichen Männermacht, auch um den Preis eines gesellschaftlichen Bankrotts. Er war ihr, der Tochter eines namenlosen Ritters von Schleswig-Holstein, nach einer Scheidung sicher. Vielleicht erklärt dies, warum sie sich später dem sächsischen Kurfürsten und polnischen König widersetzte. Dafür wird sie auf dem kalten

Basaltfelsen auf Stolpen büßen. Ein langes Stück Leiden nach einer kurzen Spanne Glück und Glanz.

Am 30. November 1704 traf Friedrich August in Dresden ein. Seit Januar war er nicht mehr in seiner sächsischen Residenz gewesen. Um den polnischen König stand es nicht zum Besten. Im Juli war Stanislaw Leszyinski zum Gegenkönig ausgerufen worden. Karl XII. hielt zeitweilig Warschau besetzt. Die sächsischen Truppen zogen sich in Richtung Sachsen zurück. Der Wettiner schien militärisch erledigt. Viele hofften, dass er Polen aufgeben werde, auch im engsten Kreis. Flemming gelangte zur Einsicht, dass der Krieg mit Schweden nichts bringe. Die Hoffnungen erwiesen sich als trügerisch. Der Wettiner ließ zwangsrekrutieren, Aufträge an Waffenfabrikanten ergingen. Die Stände sahen es mit wachsendem Unmut. Am Hof wuchs die Kritik an seiner Person. Das Land wurde in seiner wirtschaftlichen Entwicklung zurückgeworfen.

Die Anwesenheit des Kurfürsten machte Dresden lebendig. Das gesellschaftliche Leben begann. Bälle und Opern wechselten. Der Geburtstag seiner Frau Christiane Eberhardine wurde mit einer Diplomatenjagd in Langebrück gefeiert. Auf der Jagd und auch bei anderen Anlässen sah man den Kurfürsten immer öfter in der Nähe der Madame Hoym. Längst hatte es sich am Hof herumgesprochen, dass es in ihrer Ehe nicht zum Besten stand. Gespannt verfolgte die Gesellschaft die weitere Entwicklung. Was wurde aus der Fürstin von Teschen, der polnischen Geliebten? Sie hatte ihm erst im August einen Sohn geboren. Bekannt war das Temperament der Teschen. Es wurden Wetten abgeschlossen. Die einen meinten, sie werde Friedrich August Schwierigkeiten machen, die anderen waren sicher, dass sie nachgeben würde. Es war wieder spannend in Dresden. Und im Mittelpunkt der Aufführung standen der Kurfürst und die Frau seines Akzisedirektors.

Über den Beginn der Liaison gibt es mehrere Geschichten. Der Kurfürst hatte von Constantias Schönheit gehört und wünschte sie kennen zu lernen. Er gab Befehl, sie an den Dresdner Hof zu bringen, notfalls auch gegen ihren Willen. Ob sie sich weigerte, ist unbekannt. Mit Sinn für Dramatik weiß der Romanschreiber Pöllnitz zu erzählen. Während eines Saufgelages rühmte Hoym die Schönheit seiner Frau, die er aus Eifersucht außerhalb der Residenz verborgen hielt. Fürstenberg und Friedrich August zweifelten an seinen Worten. Hoym steigerte sich. Das Bild, das er von Constantia entwarf, entfachte die Begierde der beiden Männer. Sie wetteten. War sie so schön, wie Hoym sie beschrieb, dann wollte Fürstenberg bezahlen. Hoym gewann die Wette und verlor seine Frau an den Kurfürsten. Neuerdings bietet Gabriele Hofmann in ihrem Buch über die Cosel eine andere Geschichte an. Am 7. Dezember 1704 brannte das Hoymsche Haus auf der Dresdner Kreuzgasse. Das Feuer drohte das ganze Stadtviertel zu erfassen. Der Kurfürst eilte in die Kreuzgasse, um zu helfen. „Der König sieht im Flammenschein eine schöne Frau in Hofkleidern, die mit lauter und fester Stimme Befehle erteilt und der die Leute gehorchen. Nun spricht der erste Bürgermeister mit ihr, sie nickt und tritt zur Seite. Da steht der König neben ihr. Sie erkennt ihn erst nicht, sieht nur seine funkelnden Kleider und dann sein Gesicht. Sie macht einen Hofknicks. Der Brand ist unter Kontrolle, die Gefahr für die Stadt vorüber. Die staunende Menge sieht, wie im grellroten Flammenschein der Feuerpfannen die Madame Hoym in des Königs Kutsche steigt. Der König und sie fahren davon. Zur Gräfin Reuß, sagen die Leute, dort ist heute Nacht Ball."

Es wäre sträflich, eine so schöne und mutige Frau nicht lieben zu wollen.

So viel ist historisch gesichert: Zur Neujahrsmesse 1705 reiste Friedrich August nach Leipzig. Das Ehepaar Hoym folgte dem Kurfürsten. Am 22. Januar 1705 reichte Hoym beim Oberkonsistorium in Dresden die Scheidung ein. Er klagte auf „böswilliges Verlassen" und forderte die Trennung. Die Kirchenbehörde versuchte zu versöhnen. Beide lehnten die Fortführung der Ehe ab. Constantia in einem Brief: „... das ich nicht will und kann länger mit euch leben, es entstehe draus, was draus wolle." Hoym bat die Juristische Fakultät in Halle um ein Gutachten. Es sollte bestätigen, dass die Ehe entgegen dem kirchlichen Spruch keinen Sinn mehr hatte. Er, den das offene Werben Friedrich Augusts in seinem Ehrgefühl kränkte, ließ den Kurfürsten wissen, dass sie trunksüchtig und böswillig sei. Das aber hielt Friedrich August nicht zurück. Er wollte die Frau seines Akzisedirektors.

Die Entschiedenheit Constantias gibt Fragen auf. War sie sich sicher, dass Friedrich August sie wollte? Sie zögerte, Mätresse zu werden. Aber das gehörte zum höfischen Muster. Die Frauen weigerten sich, um ihren Preis zu erhöhen. Die Burg wollte genommen werden. Nun musste das bei Constantia nicht so gewesen sein. Gewiß wusste sie von der Königsmarck und derem Ende. Sie hatte die Fürstin von Teschen in Leipzig zur Messe erlebt. Friedrich August hatte sie nahezu unhöflich behandelt. Die Polin war eine schöne, kluge Frau. Sie hatte dem Kurfürsten einen Sohn geboren. So schnell war sie nicht bereit, das Feld zu räumen. Constantia hatte es wohl bemerkt. Und: Sie hatte in Wolfenbüttel erlebt, was Lieben dieser Art wert waren. Wie eine Aussätzige hatte man sie fortgeschickt. Wie klein und erniedrigt war sie sich vorgekommen. Ähnliches wollte sie nicht noch einmal erleben. Nie und nimmer! Friedrich August hatte ihr über Vitzthum von Eckstädt angeboten, offizielle Mätresse zur werden. Sie sollte ihre Bedingungen nennen, unter denen sie es werden könnte.

Ich stelle mir vor, sie steht am Fenster im Fraumutterhaus und schaut auf das Schloss. Es ist Ende Januar. Der Winter der Jahre 1704/1705 ist sehr kalt. Es weht ein eisiger Wind. Etwas mehr als anderthalb Jahre ist sie nun in Dresden. Sie hatte auf Hoym große Hoffnungen gesetzt, und er hatte sie behandelt wie einen Gegenstand, roh, ohne Liebe. War es ihr Los, dass ihr alles missriet? Noch war die Ehe nicht geschieden. Der Hofprediger hatte ihr gedroht, sie vom Abendmahl auszuschließen, wenn sie nicht zu Hoym zurückkehre. Und Friedrich August schwieg. Er hatte ihr lachend gesagt, dass er sich in das Kirchengeschäft nicht einmischen wolle. Die Herren seien sehr empfindlich. Und er als Katholik sei gleich der Belzebub. Es wird sich schon entwickeln, hatte er leicht hingeworfen. Constantia wandte sich vom Fenster ab. Sie fror. Sie ging zum Kamin, schaute ins Feuer. Drüben auf dem Tisch lag Friedrich Augusts Billett. Ein Bote hatte es gebracht. Friedrich August wollte sie sehen. Sie sah ihn in Gedanken vor sich. Sie mochte sein dichtes braunes Haar. Er verdeckte es selten mit einer Perücke. Ihr gefielen seine kräftigen Augenbrauen. Er

Adolphus Magnus S.R.J. Comes de Hoym
Potentiß. Regi Pol. et El. Sax. a Consiliis
Sanctioribus, Supremus Steurarum Director
et Accisar. Insp. Gen. etc.

Magnus von Hoym, Augusts Finanzexperte und Constantias Ehemann.

hatte Humor und behandelte sie liebenswürdig und zuvorkommend. Sie liebte ihn, ja, sie liebte ihn. Friedrich in Wolfenbüttel hatte sie auch geliebt. Und er hatte sie kalt fallen lassen. Sie hatte kein Anrecht auf ihn. Auf Fürsten hatte man kein Anrecht. Und sie hatte auch jetzt kein Anrecht auf den Kurfürsten, das wusste sie. Er stand außerhalb jeden Rechts. Nur seine Gemahlin hatte ein Recht auf ihn. Auch wenn sie nicht geliebt wurde, sie war die Kurfürstin und würde es auch bleiben, bis sie starb. Und wenn sie starb? Constantia erschrak. Sie wünschte ihr den Tod. Sehr früh, sehr schnell. Dann könnte sie, Constantia, an ihre Stelle treten. Ich versündige mich, dachte sie. Aber der Gedanke setzte sich in ihr fest. Wenn er sie liebte, wie er ihr immer wieder versicherte, dann sollte er es in einem Schriftstück festhalten. Sie musste sich absichern. Noch einmal wollte sie nicht davongejagt werden. An den Höfen wurde alles mit Kontrakten geregelt, Ehen, Nachlass, Kindererziehung. Sie wird Bedingungen stellen. Die Liebe war das eine, das Leben das andere. Er soll ihr versichern, dass er sie zur Frau nimmt, wenn die Kurfürstin stirbt. Es konnte ein geheimes Papier sein. Niemand musste davon wissen. Sie beugte sich über das Billett. Sie hatte Mühe, seine Handchrift zu lesen. Er mischte wieder Französisch ins Deutsche, schrieb die französischen Worte, wie er sie sprach. Sie setzte sich, nahm die Feder. Sie ließ ihn wissen, dass sie sich auf ihn freue. Ich fliege zu Ihnen, mein Fürst. Sie ließ einen Boten kommen. Er wusste Bescheid, es war nicht das erste Mal, dass sie sich auf diese Weise verständigten. Sie wird auf sein Angebot eingehen und ihre Bedingungen nennen. Vor allem wird sie ihn drängen, dass die Scheidung von Hoym mit Nachdruck betrieben wird.

Die Ehe drohte zu einem unlösbaren Problem zu werden. Die Juristische Fakultät in Halle bestätigte die Ablehnung des Oberkonsistoriums. Erneut wurde Constantia aufgefordert, in Hoyms Haus zurückzukehren und ihm beizuliegen. Sie lehnte ab. Hoym forderte in Jena und Tübingen weitere Gutachten an. Obschon Constantia dem Buchstaben nach Hoyms Frau war, zeigte sich der Kurfürst in aller Öffentlichkeit mir ihr. Pfingsten 1705 reiste Friedrich August nach Karlsbad. Ein großer Hofstaat begleitete ihn. Auch Constantia war dabei. Nun wusste es alle Welt. Constantia von Brockdorf war der neue Stern am Dresdner Hof.

Karlsbad im Mai. Der Frühling war schon immer eine verlocken-
de Jahreszeit. Hier müssen die wesentlichen Bedingungen bespro-
chen worden sein, unter denen Constantia die Mätresse Friedrich
Augusts wurde. Friedrich August zeigte aller Welt, wie wichtig ihm
die schöne Frau war. Ein günstiger Umstand kam ihm gelegen.
Oberhofmarschall von Haugwitz war gestorben. Sein Haus auf
dem Taschenberg stand zum Verkauf. Friedrich August gab sofort
Order, den Haugwitzschen Besitz und andere Häuser in der Nähe
des Schlosses zu erwerben. Nun war Platz für den Bau eines Palais.
Seinen besten Architekten, darunter Matthäus Daniel
Pöppelmann, wurden Entwürfe abverlangt. Friedrich August skiz-
zierte selbst Bauideen. Constantia sollte eine repräsentative
Residenz erhalten. Alles ging sehr schnell. Der Kurfürst trieb seine
Leute an. Bereits am 24. August 1705 meldete der Hofkalender,
„dass Madame Hoym in ihr Haus aufm Taschenberge“ ziehe. Im
Laufe der kommenden Jahre wurde ein großzügiges Palais gestal-
tet. Später vergrößert, gehörte es hinfort zu den Kostbarkeiten der
Dresdner Barock- und Rokoko-Architektur. Offiziell erwies er ihr
mit einer Doppelwache seine Hochachtung, die vor dem Eingang
des Palais Aufstellung nahm. Friedrich August überhäufte sie mit
Geschenken, vor allem mit Schmuck, aber auch mit praktischen
Dingen. So erhielt Constantia zum Beispiel pro Jahr einige Schragen
Holz. Ein Weinberg in der Lößnitz wurde ihr überschrieben. Schloß
Pillnitz, das schon einmal einer Geliebten gehört hatte, Johann
Georgs Sibylle von Neidschütz, ging in den großen Tagen der Liebe
an Constantia über. Damit sein „Leichtsinn“ nicht allzu sehr auffiel,
wurde ein Kaufvertrag aufgesetzt. Friedrich August quittierte den
Erhalt einer gewissen Summe. Und er verpflichtete sich, Constantia
eine Pension von 100 000 Talern jährlich zu zahlen.

Kritiker der Cosel behaupten, Anna Constantia von Brockdorf
habe sich verschlossen und abweisend gegeben. Sie habe sich
bewusst nicht gleich auf den Kurfürsten eingelassen, um „ihren
Preis“ in die Höhe zu treiben. Im engsten Kreis des Wettiners hieß
es, dass Constantias Zögern dem Kurfürsten gefallen habe.
Flemming, der Königsmacher und einer der ersten Vertrauten des
Kurfürsten, meinte gar in einer Charakterstudie über Friedrich
August, dass ihn die Zurückhaltung der Frau herausgefordert
habe. Auf diese Weise habe sich der Wettiner dem Gedanken hin-

gegeben, dass er wie jeder andere eine Frau erobern müsse, dass sie ihm, dem Mann, seinem Drängen und Werben nachgab und nicht berechnender Einsicht. Moralisten werfen der späteren Reichsgräfin Cosel Habgier vor. Sie stellen sie als Verschwenderin dar, die Sachsens Volksvermögen verschleudert hätte. Sie verzeihen ihr nicht, dass sie Luxus, Geld, Zusicherungen verlangte, ehe sie Mätresse wurde. Selbst Cornelius Gurlitt, der viel Verständnis und Nachsicht für den Wettiner aufbrachte und ihn ausgewogen zu beurteilen versuchte, meinte: „August war schwach gegen die Cosel." Sie liebte ihn „nicht mit der Liebe, die zu Opfern bereit ist, sondern mit kluger Berechnung". Welch ein verruchtes Weib! Wie konnte sie wagen, Forderungen zu stellen. Sie hatte zu zerschmelzen, wenn sich der Fürst für sie interessierte. Welch ein kleinbürgerlicher Moralistenunsinn. Gurlitt meinte, während der Cosel-Ära sei am Dresdner und Warschauer Hof „Unterrockpolitik" betrieben worden. In einem haben die Kritiker recht: Teuer waren die Mätressen, teuer war die Cosel, teuer waren die Feste und Maskeraden, die Feuerwerke und Jagden, Spiele und Bälle. Wer sich eine Mätresse hielt, der hatte für sie aufzukommen. Ein Geizhals, ein schlechter Politiker, der seine Geliebte nicht mit Glanz und nobler Hofhaltung umgab. Im Barock gehörte es zur Hofetikette, sich mit einer schönen Mätresse zu schmücken. Bürgerliche, gar eifernde protestantische Moralistenstandpunkte werden dieser Zeit nicht gerecht. Sicher. Ehebruch außer Hofe, der Ehebruch des gemeinen Mannes standen unter Strafe, Prostituierte wurden aus den Städten gejagt. Aber dieses Maß galt nicht für die Höfe. Die Kurfürsten standen außer Recht und Gesetz. Sie waren sozusagen von Gottes Gnaden eingesetzt. Und was er ihnen erlaubte, stand dem gemeinen Mann nicht zu. Also verbot sich jede Kritik.

Constantia ging weiter als ihre Vorgängerinnen, sie wollte ihr Schicksal nicht teilen, wollte später nicht einfach abgelegt werden. Sie forderte vom sächsischen Kurfürsten ein Eheversprechen. Darin erklärt er, „sie zu heiraten nach Art der Könige in Frankreich und Dänemark, auch anderen Souverainen in Europa als Unsere legitime ébouse ... derogestalt, dass Wir in Kraft eines ehelichen Eydes versprechen und halten wollen, dieselbe herzlich zu lieben und beständig treu zu verbleiben, dahero wollen Wir solches hier-

Das Taschenbergpalais erstrahlt wieder als barockes Juwel neben Semperoper, Zwinger und Schloss.

mit vor Unserem Geheimen Rat declarieren und die mit Unserer Geliebten Gräfin von Cosel künftig erzeugenden Kinder männ- und weiblichen Geschlechts vor Unsere rechte natürliche Kinder kraft dieses erkennen".

Dieses Eheversprechen, das sie am 12. Dezember 1705 erhielt, ist makaber. Er gab es ihr nur widerstrebend. Er liebte Christiane Eberhardine, seine Frau, nicht. Das war nichts Besonderes. Ehen – das formulierte er später selbst – wurden im Hochadel meist nicht aus Liebe geschlossen. Sie dienten dynastischen und politischen Bündnissen, bekräftigten freundschaftliche Bindungen. Dennoch: Christiane Eberhardine war jünger als er. Für Constantia bestand kaum eine Chance, die rechtmäßige Frau des Kurfürsten zu werden. Mätressen wurden nicht geheiratet. Sie wurden, wenn man sie nicht mehr liebte, im besten Falle großzügig abgefunden. Offenbar wollte Constantia dieses ungeschriebene Gesetz durchbrechen. Ein mutiges Begehren!

Das Taschenbergpalais 1992 und 1995. Im Jahre 1993 begannen die
Arbeiten zum originalgetreuen Wiederaufbau.

Friedrich August hatte mit der Erhebung Constantias zur offiziellen Mätresse Tatsachen geschaffen. Außerdem erreichte er
beim Kaiser, dass sie Reichsgräfin wurde. Das entging den Herren
der Juristischen Fakultät in Jena und Tübingen nicht. Sie lenkten
ein. Ihr Gutachten vom 8. August 1705 stimmte der Scheidung von
Hoym zu. Sie sollte aber das Land verlassen. Die Herren um
Carpzow im sächsischen Leipzig gerieten ins Schwitzen. Sie
schlossen sich nun sehr schnell dem Tübinger Urteil an. Die Ehe
wurde mit Wirkung vom 8. Januar 1706 geschieden. Sie hatte zwei
Jahre und fünf Monate gedauert. Constantia war 25 Jahre alt.

Es begann eine hohe Zeit. Sie war frei und keinem
Rechenschaft schuldig. Der Kurfürst liebte sie. Er zeigte es ihr
jeden Tag. Und sie fühlte es auch. Wenn nicht Polen gewesen
wäre, wäre das Glück vollkommen gewesen. Sie reiste mit
Friedrich August durch Sachsen. In Torgau besichtigten sie
Truppen. Sie erfuhr den Missmut der Landsleute. Keiner hatte
Lust, in den Krieg zu ziehen. Auch am Dresdner Hof waren die
Parteien gespalten. Viele rieten vom Krieg ab. Aber Friedrich
August wollte die Niederlagen nicht hinnehmen. Er schickte 16
000 Soldaten nach Polen. Bald machte er sich selbst in das fremde Land auf. Constantia blieb in Dresden zurück. Eine Mätresse –
das spürte sie bald – wurde nur in Anwesenheit des Kurfürsten
angebetet. Ihr wurde bewusst, wie dünn der Faden war, an dem sie
spann. Sie mühte sich, ihre Position am Hof zu festigen. In
Dresden wurde es von Tag zu Tag ruhiger. Alle wichtigen Leute
waren dem König nach Polen gefolgt. Sie hatte viel Zeit und widmete sich ihrem Palais. Der König hatte Karcher und Pöppelmann
mit dem Bauen beauftragt. Sie standen ihr zu Diensten.
Pöppelmann sagte ihr mehr zu als Karcher. Sie mochte den jüngeren Baumeister. Er war klug und voller Bauideen. In welchem
Tempo er Fassaden entwarf. Sicher flog sein Zeichenstift über das
Papier. Sie vertraute seinem Urteil. Auch Karcher imponierte ihr.
Der König hatte gute Bauleute um sich. Darin schien er eine
glückliche Hand zu haben. Aber im Krieg? Sie war voller Unruhe.
Nachrichten über den Kriegsverlauf trafen spärlich ein. Alles
schien in Polen unübersichtlich zu sein. Endlich erfuhr sie, dass
sich Friedrich August in Warschau aufhielt. Vertraute teilten ihr
mit, dass auch die Teschen dort weilte. Constantia wurde eifer-

süchtig. Ihr erster Gedanke war, nach Polen zu reisen. Doch was wusste sie, ob Friedrich August noch in Warschau sein würde, wenn sie dort eintraf. Außerdem würde es ihm wohl nicht gefallen. Er hatte sie ausdrücklich gebeten, in Dresden zu bleiben und sich nicht Gefahren auszusetzen. Die Polin war nicht zu unterschätzen. Zwar hatte er ihr zugesichert. dass es mit ihr vorbei sei, aber ganz traute sie ihm nicht. Die Teschen hatte in Polen Einfluss. Sie war ihm bestimmt unentbehrlich. Das hat sie gewiß kalkuliert. Constantia geriet in Zorn. Sie musste die Polin aus Friedrich Augusts Kreis verbannen. Sie musste nach Polen. Wo er auch war, sie würde ihn schon finden. Eine Frau gehörte zum Mann, wenn er in Gefahr war.

Im Januar reiste sie nach Warschau, ohne es anzukündigen.

Ich stelle mir vor: Zuerst war er gerührt, dass sie die lange und beschwerliche Reise auf sich genommen hatte, um zu ihm zu kommen. Aber etwas lästig war ihre Anwesenheit doch. Vor allem, sie war einfach gekommen, ohne ihm Bescheid zu sagen. Das war wider die Regel. Er sagte es ihr. Und sie gerieten in Streit. Aber dann nahm er sie in die Arme, sie war schön in ihrem Zorn. Sie war so anders als die anderen Frauen.

Constantias Ankunft brachte ihn dennoch in Verlegenheit. Belegt ist, dass Friedrich August zwischendurch einer anderen Frau den Hof machte. Sie hieß Henriette Duval und war die Tochter eines Weinhändlers in Warschau. Sie wird ein Mädchen zur Welt bringen. Friedrich August legitimierte es später. Friedrich Augusts Tochter wird später unter dem Namen Gräfin Orczelska bekannt. Ob die Cosel von Friedrich Augusts Verhältnis mit Henriette gewusst hat, ist mit Sicherheit nicht zu sagen. Erfahren aber hat sie, dass Fatime von Friedrich August schwanger war. 1706 gebar sie eine Tochter. Sie wurde Katherina getauft. Es war das zweite Kind, das Fatime von Friedrich August zur Welt brachte. Bereits 1702 war Graf Rutowski geboren worden. Der Kurfürst legte sich trotz seiner Treueschwüre mit anderen Frauen ins Bett. Die Legende von der großen und einzigen Liebe zur Gräfin Cosel ist also etwas mit Herzblut gewebt. Aber schön ist sie doch.

Constantia war nicht die Frau, die bereit war, Friedrich August andere Frauen zu gestatten. Bereits Magnus von Hoym beschrieb sie als aufbrausend und jähzornig. Flemming bestätigte diese Beobachtung. Bestimmt haben die Warschauer Entdeckungen der Gräfin Cosel bestätigt, dass sie richtig getan hatte, sich materiell abzusichern. Sie dürfte dem lieben Friedrich August so manche Szene aufgeführt haben. Pöllnitz, der Alleswisser, berichtet von einem großen Zusammenstoß mit Lärm, Tränen und Versöhnung. Das ist rührend.

Friedrich August musste Warschau räumen. Constantia begleitete ihn nach Krakau. Sie hielten sich dort nicht lange auf, sie richteten sich auf Schloss Lowitz bei Krakau ein. Hier erlebten sie die besten Tage in Polen. Gabriele Hoffmann schreibt, dass die Gräfin Cosel die Fürstin von Teschen mit Hass verfolgte. Constantia erreichte, dass der Teschen die jährliche Pension von 15 000 Talern gestrichen und ihr, der Cosel, überwiesen wurde. Kein schöner Zug der liebenden Constantia!

Der Nordische Krieg indes ging weiter. Bei Fraustadt traf die sächsische Armee auf die schwedische. Die Sachsen wurden vernichtend geschlagen. Als Friedrich August davon erfuhr, soll er gesagt haben: „Ich habe meine Armee sehr wohl besoldet, werde aber von selbiger sehr übel bedient." Traurige, bittere Worte, aber sie führten nicht zu dem Entschluss, den Krieg zu beenden. Friedrich August konnte sich nicht mehr der Cosel widmen. Ihr weiterer Aufenthalt war zu gefährlich geworden. Sie kehrte nach Dresden zurück. Das Verhängnis nahm seinen Lauf. Karl war nicht mehr aufzuhalten.

Im September 1706 setzte der schwedische König über die Oder. Der Geheime Rat beschloss gegen den Willen Friedrich Augusts, Sachsen nicht zu verteidigen. In Dresden brach Panik aus. Christiane Eberhardine und die Gräfin Cosel flüchteten, die eine nach Bayreuth, die andere nach Schleswig-Holstein. Karl vermied, Dresden anzugreifen. Seine Truppen umgingen die Stadt. Das Hauptlager wurde in Altranstädt, nicht weit von Markkleeberg bei Leipzig, errichtet. Constantia erlebte den tiefsten Fall Friedrich Augusts. Sein Vetter Karl erwartete den Verlierer. Friedrich August blieb keine Wahl, er musste den Sieger besuchen.

Der schwedische König empfing den sächsischen Kurfürsten in schmutzigen Stiefeln und Felduniform. Friedrich August im Rock aus blauem Samt und Spitzenmanschetten wird diese Missachtung gekränkt haben. Sie sprachen – berichten Beobachter – freundlich miteinander, sprachen, als habe es keinen mörderischen Krieg zwischen ihnen gegeben. Friedrich August versuchte, die harten Bedingungen des Friedensschlusses zu mildem. Karl lehnte entschieden ab. Das sei Sache seiner Minister, meinte er. Der Kurfürst musste den von seinen Unterhändlern erreichten Frieden bestätigen. Er musste erfahren, dass mit Karl nicht zu reden war. Maria Aurora hatte er abgewiesen, Vitzthum, seinen Unterhändler, eingesperrt. Und nun demütigte er ihn, wie man keinen Menschen schlimmer demütigen konnte. Karl, vor dem ganz Europa zitterte, zwang den Wettiner, auf die polnische Krone zu verzichten. Mehr noch: Er nötigte Friedrich August, Stanislaus Leszczynski in einem Brief zur polnischen Krone zu gratulieren.

Damit war der sächsische Kurfürst Polen los. Constantia war darüber nicht traurig. Sie war ja ohnehin der Meinung. dass der Krieg Sachsen nur schade. Und sie musste ihm nicht mehr in Heerlager folgen. Jetzt hatte sie ihn in Dresden, und Sachsen hatte seinen Kurfürsten wieder im Land. So merkwürdig es klingt: Die Niederlage ermöglichte den beiden glückliche Jahre.

Das große Fest

Ich stelle mir vor: Januar 1707. Es ist kalt. Die Fensterscheiben sind gefroren. Constantia ist hochschwanger. Sie fürchtet sich vor der Geburt, mit der sie jede Stunde rechnet. Friedrich August ist zu seiner Mutter nach Lichtenburg gefahren. Er will sie überzeugen, dass sie Karl bittet, Sachsen so schnell wie möglich zu verlassen. Constantia sieht es ein, dass er reisen muss. Dennoch, ein paar Tage hätte er noch warten können. Immer muß sie die Kinder allein zur Welt bringen. Beim ersten Mal war sie auch allein in der Kammer. Und es war niemand da, der sich auf ein Kind freute. Sie selbst auch nicht. Diesmal ist es anders. Sie will das Kind. Und Friedrich August hat ihr versichert, dass er es auch will. Vielleicht wird es ein Sohn. Das würde dem ersten, dem Thronfolger, nicht gefallen. Vorsichtig setzt sie sich in den Sessel. Auf ihrer Stirn bricht Schweiß aus. Vor kurzem noch hat sich das Kind ganz wild bewegt. Und nun ist es still, sehr still. Das macht ihr zusätzlich Angst. Ruhig atmen, tief, kräftig.

Das Kind wurde tot geboren. Das erfuhr sie später. Sie war lange bewusstlos. Und fast schien es, als sei alle Mühe der Ärzte vergeblich. Kuriere teilten Friedrich August mit, dass die Gräfin Cosel im Sterben liege. Er machte sich sofort auf den Weg zu Constantia. Vielleicht half ihr seine Gegenwart. In Dresden angekommen, hastete er zu ihr. Es kümmerte ihn nicht, dass das Kind tot war. Sie lebte, es war wichtig, dass sie lebte. Er blieb bei ihr, bis sie über den Berg war.

Der Dresdner Hof nahm mit Erstaunen zur Kenntnis, wie sich der Kurfürst um seine Mätresse kümmerte. Jene, die mit der Geburt das Ende der Liaison prophezeit hatten, wurden still. Es war besser, man sicherte sich die Gunst der Cosel. Viele kamen aus dem Staunen nicht heraus. Sie erinnerten sich, wie es der Kurfürst mit den Kindern Christiane Eberhardines und Maria Auroras gehalten hatte. Kuriere hatten ihm die Nachricht von der zweimaligen Vaterschaft überbracht. Er blieb dennoch in Wien und amüsierte sich mit der Esterle. Die Cosel schien den Kurfürsten in den Bann gezogen zu haben.

Die Tänzerin Angelique Duparc.

Die Cosel wurde gesund. In ihr Palais drängten sich Gesandte und Adlige. Sie war früh die Erste beim Kurfürsten und abends die Letzte. Es war gut, in ihrer Gnade zu stehen.

Inzwischen setzte der Kurfürst alles daran, die Schweden zum Verlassen Sachsens zu bewegen. Karl dachte nicht daran. Er hatte die Absicht, in aller Ruhe im Kurfürstentum zu überwintern. Vor allem sollten sich seine Truppen von den Strapazen der Kämpfe erholen. Im Frühjahr wollte er sie noch um einige tausend Mann verstärken. Solange ihm Holland und England nicht den Frieden zu Altranstädt garantierten, würde er nicht abziehen. Friedrich August befand sich in einer misslichen Lage. Er hatte keine Mittel, die Schweden loszuwerden.

Frühling und Sommer kamen ins Land. Die Schweden ließen es sich gut gehen. Endlich, im August, begannen sie abzuziehen. Friedrich August hatte sein Ziel erreicht, er strahlte, er ließ Ungarnwein kommen. Seine Laune besserte sich zusehends. Interessante Nachrichten erreichten ihn. Peter war in Polen eingefallen. Sein lieber Vetter könnte noch Schwierigkeiten bekommen. So war das. Das Glück konnte sich schnell wenden. Noch gab er Polen nicht endgültig verloren.

Constantia sah es mit Erschrecken, dass er an Polen festhielt. Sie gab ihm zu verstehen, dass er von Polen nichts erwarten könne. Sie merkte sofort: Er mochte ihre Ratschläge nicht. Sie musste vorsichtig sein. Sie überlegte, wer sie unterstützen könne, Flemming? Sie hielt ihn für ihren Freund. Aber er schien auf ihren Einfluß auf Friedrich August eifersüchtig zu sein.

Schon vor Tagen hatte ihr Friedrich August eine Überraschung angekündigt. Ach, war sie neugierig. Aber sie fragte nicht. Er stellte sich gern in der Pose des Überraschers dar. Aber dann war sie doch gerührt. Vor ihr lag der Kaufvertrag. Jetzt gehörte ihr Pillnitz. Sie liebte dieses lieblichen Ort. Sie hatte 60 000 Taler dafür bezahlt, ohne es zu wissen. Es war gut, dass er es so gemacht hatte. Da musste alle Welt glauben, dass sie Schloss und Gut gekauft hatte. Und: Sie war als Besitzerin ausgewiesen. Er sorgte dafür, dass sie gut ausgestattet war. Sie knickste, sie dankte. Er strahlte. „Wir haben es so gewollt."

Sie war wieder schwanger. Wieder war es Winter. Die Winter bekamen ihr nicht. Sie waren lang und kalt. Und die Stubenheizer hatten Mühe, die hohen Räume warm zu kriegen. Manchmal, wenn er von Italien erzählte, sehnte sie sich nach dem Süden. Sie wäre so gern mit ihm nach Venedig oder nach Rom gereist. Einmal hatte sie es ihm gesagt. „Aber die Geschäfte lassen uns nicht fort", hatte er erwidert.

Am 24. Februar 1708 brachte die Gräfin Cosel eine Tochter zur Welt. Erneut war die Geburt schwer. Aber diesmal blieb das Kind am Leben. Das Mädchen wurde auf den Namen Augusta Constantia getauft. Der Sommer des Jahres verdeutlichte allen, wie eng der Kurfürst seiner Mätresse verbunden war. Auf allen seinen Reisen war sie dabei. Im Sommer hielten sie sich in Pillnitz auf. Und sie liebte es, ihm in dem kleinen hölzernen Lustbau einen Tee zuzubereiten. Vor ihnen lag der Fluss, und auf der Insel lärmten die Vögel. Diese Landschaft stimmte sie heiter. Sie glaubte, dass sie seine Frau werden würde. Die Götter würden es so wollen. Sie hatte es verdient. Sie liebte ihn. Er zeigte ihr die Festung Königstein. „Diese Feste hat noch niemand besiegt", sagte er stolz. Und sie bestiegen den Lilienstein. Sie war sich sicher, diesen Sommer vergäßen sie nie. Und sie nahm es ohne Ärger hin, dass er nach Holland reisen musste.

Friedrich August blieb sehr lange fort. Anfangs erhielt sie nicht einmal Nachrichten. Es war wieder Krieg zwischen dem Reich und Frankreich. Monat um Monat verging. Ein Vertrauter überbrachte ihr die Nachricht, dass sich der Kurfürst in Brüssel aufhalte. Mehrere Damen hätten dort seine Aufmerksamkeit gefunden. Sie nahm es gelassen auf. Was sollte sie tun? (Vielleicht hatte sie gelernt, mit solchen Eskapaden umzugehen.) Vier Monate vergingen. Dann war Friedrich August in Dresden. Einer seiner ersten Wege führte zu Constantia. Wieder drängte man sich um sie. Aber sie hatte eine Erfahrung gemacht. Als Friedrich August fort gwesen war, hatte die Zahl der Besucher abgenommen. Ihre Stellung war ganz und gar an seine Gunst gebunden. Ihr war sie ausgeliefert. Und sie wusste wieder: Sie hatte recht getan, das Eheversprechen zu fordern, sich jeden Besitz und jedes größere Geschenk bestätigen zu lassen. Die Launen der Liebe waren unberechenbar. Das sollte sie bald direkt erleben. Wenige Wochen nach Friedrich Augusts Rückkehr aus Brüssel trafen französische Tänzerinnen in Dresden ein. Auf Einladung Friedrich Augusts, hieß es. Und eine dieser Tänzerinnen, eine gewisse Duparc, verkündete bei jeder Gelegenheit, dass sie auf den ausdrücklichen Wunsch des sächsischen Kurfürsten in Dresden sei. Die Cosel ließ die Damen beobachten. Und sie fand bestätigt, was ihr zugetragen worden war. Friedrich August und die Französin waren oft zusammen. Aber sie war gewillt, darüber hinwegzusehen. Was sie mehr ärgerte: Er schien ihr gewisse Pläne zu verheimlichen, sprach immer weniger über seine Geschäfte. Dennoch wurde es immer offensichtlicher: In aller Heimlichkeit bereitete er seine Rückkehr nach Polen vor. Sie verstand ihn nicht. Was hatten er und Sachsen nur von der Polenkrone? Nichts als Ungemach, nichts als Ausgaben, nichts als Ärger. Aber nichts davon wollte der Kurfürst hören. Er allein entschied und sonst niemand.

Im Jahr 1709 dürfte die Cosel ihren gesellschaftlichen Höhepunkt in Dresden erlebt haben. Am 26. Mai traf der dänische König Frederik in Dresden ein. Kanonendonner begrüßte den Verwandten. Er wurde mit großen Ehren empfangen. Nicht ohne Berechnung. Friedrich August wollte Frederik erneut für einen Waffengang gegen Karl gewinnen. Zwei Tage nach Frederiks Ankunft gab die Gräfin Cosel dem Gast in ihrem Palais ein Essen. Ein König bei einer Mätresse, eine Mätresse, die Hof hielt wie eine Königin. Das hatte es in Sachsen noch nicht gegeben. Die benachbarten Höfe nahmen dieses Ereignis zur Kenntnis. Empört war man im Bayreuther Elternhaus. Christiane Eberhardine fügte sich. Sie hatte keine Wahl.

Größeren Glanz wird die Cosel nicht erleben. Pöppelmann hatte auf Wunsch des Kurfürsten ein großes Amphitheater aus Holz errichten lassen. Grüne Birkensträuße schmückten die Pfeiler und Bögen. Die Stadt war festlich herausgeputzt. Tausenden war man aus nah und fern gekommen.

Das Damenrennen wurde zu einem Triumph für die Gräfin Cosel. Im offenen Wagen saß sie. Frederik lenkte den Wagen, und Friedrich August war einer der Wagenrenner. Wo hatte es das gegeben, dass zwei Könige einer Mätresse so offen huldigten! Und an der Abendtafel saß sie zwischen Frederik und Friedrich August. Sie war glücklich. Friedrich August hatte nur Augen für sie. Dass seine Frau, die kaum beachtet wurde, darunter litt, ging sie nichts an. Das war ihr, Constantias, Fest. Der Kurfürst liebte sie, und sie liebte ihn. Das kleine unbedeutende Hoffräulein, das man aus Wolfenbüttel gejagt hatte, war nun die Erste in Sachsen. Constantia wusste, dass sie wieder schwanger war. Ich stelle mir vor: Im Rausch ihres Glücks teilt sie es Friedrich August mit. Er lacht, lacht dröhnend. Er drückt einen Silberbecher zusammen. Frederik ist neugierig, fragt. Friedrich August schweigt. Warum, denkt sie, warum? Ist ihm ein zweites Kind von ihr zu viel? Sie will ihm einen Sohn zur Welt bringen. Und wenn die andere stirbt, wird sie seine offizielle Frau und ihr Sohn eines Tages Kurfürst. Sie ist in Versuchung, es Frederik zu sagen. Aber dann warnt sie Friedrich Augusts Blick. Nichts, aber auch nichts soll diese Tage trüben. Sie schweigt.

Über einen Monat wurde in Dresden gefeiert. Noch nie hatten die Dresdner so viel Gold und Edelsteine, Gäste und Pferde, Prachtwagen und Umzüge gesehen. Der Hof stand vor dem Bankrott. Friedrich Augusts Schulden stiegen in schwindelerregende Höhen. Aber in diesen Tagen wurde nicht nur gefeiert. Die Unterhändler des dänischen Königs und Friedrich Augusts verhandelten. Frederik war gar nicht so begeistert, wieder gegen die Schweden Krieg führen zu sollen. Zu wach waren noch die Erinnerungen an die zurückliegenden Niederlagen. Damals war ihnen ein Sieg gegen Karl als selbstverständlich erschienen. Und dann hatten die Seemächte mit Müh' und Not verhindern können, dass Karl Kopenhagen besetzte. Das lag keine neun Jahre zurück. Er kam auch ganz gut ohne Krieg aus. Die Verhandlungen gestalteten sich schwierig. Schließlich einigten sich die beiden Fürsten. Dänemark und Sachsen wollten wieder gegen Schweden kämpfen, wenn sich Peter ihnen anschloss. Und: Friedrich August sicherte Frederik zu, dass er nichts dagegen haben werde, wenn er sich Schleswig und Teile Holsteins einverleibt. So wurde in den großen Festtagen ein neuer Krieg verhandelt. Selten trifft so eindeutig zu, dass äußerer Glanz in praktischer Politik mündet.

Damenrennen im Mai 1709. In der Kutsche die Cosel, Wagenlenker
ist der dänische König Frederik.

Am 29. Juni reisten Frederik und Friedrich August nach
Potsdam. Sie wollten Friedrich Wilhelm über ihre Absichten informieren und ihn für ihren Krieg gegen Schweden gewinnen.
Friedrich Wilhelm lehnte eine Kriegsbeteiligung ab. Er sicherte
ihnen nur Neutralität zu. Das war ein schmales Ergebnis. Als
Friedrich August nach Dresden zurückkehrte, empfing er eine sen-
sationelle Nachricht. Peter hatte die Schweden bei Poltawa vernichtend geschlagen. Karl selbst musste zu den Türken fliehen. Nun
gab es für Friedrich August kein Halten mehr. Am 8. August 1709
erklärte er in einem Manifest, dass er sich wieder in den Besitz der
polnischen Krone bringen wolle. Er ließ alle Welt wissen, dass die
ihm aufgezwungenen Bedingungen null und nichtig seien, „denn
wann sei wohl jemals ein rechtmäßiger König gezwungen worden,
einen rebellischen Unterthan (Gegenkönig Stanislaus) als wahren
und rechtmäßigen König anzuerkennen". Daraus schlussfolgerte
der Wettiner: „Nehmen Wir also dasjenige wieder an Uns, was Uns
an Gott und Rechts wegen gehöret."

„Ansicht des Lust-Schlosses Pillnitz von der Wasserseite".

Am 24. August marschierten Friedrich Augusts Truppen in Polen ein. Am 8. Oktober trafen sich Zar Peter und der Wettiner in Thorn. Obwohl der Russe nicht allzu gut auf den Wettiner zu sprechen war – er war ja schließlich einseitig aus dem Krieg ausgeschieden –, einigten sich die beiden Herrscher. Das Bündnis zwischen Russland und Sachsen-Polen wurde erneuert. Karl sollte endgültig besiegt werden. Anna Constantia blieb in Dresden zurück. Wenige Tage nach dem Thorner Treffen, am 22. Oktober 1709, brachte sie ein Mädchen zur Welt. Diesmal eilte Friedrich August nicht herbei, obwohl sie erneut in Todesgefahr schwebte. Dazu war keine Zeit.

Die Polen bereiteten ihm sofort Schwierigkeiten. Erneut teilten sich die Fronten. Die eine wollte den Wettiner als König, die andere lehnte ihn ab. Die zweite Tochter erhielt den Namen Friederike

Alexandra. Sie und auch Augusta wurden legitimiert. Von Dresden aus beobachtete die Gräfin Cosel die Geschehnisse in Polen. In Dresden fühlte sie sich fehl am Platz. Sie wollte bei ihm sein. Aber da waren die beiden Töchter. Sie nach Polen mitzunehmen, war nahezu unmöglich. Sie trennte sich von ihren Töchtern. Sie wuchsen hinfort auf dem elterlichen Gut in Depenau auf.

Im März 1710 reiste Constantia nach Warschau. In Polen war die Pest ausgebrochen. Ein ruheloses Leben begann. Constantia und Friedrich August hielten sich in verschiedenen Orten auf, immer auf der Flucht vor der Pest.

Bald traten die ersten Spannungen auf. War es Friedrich August zu viel, dass sie ihn ständig begleitete? Ihm entging nicht, dass die Polen die Cosel nicht mochten. Zu dieser Zeit beschäftigte er sich schon intensiv mit der Zukunft seines Sohnes. Er sollte nach ihm König in Polen werden. Dazu musste dieser – wie er einst – zum katholischen Glauben übertreten. Die Cosel war gegen einen solchen Übertritt. Sie redete sogar mit Flemming darüber und bat ihn, den König davon abzubringen. Hatte er Friedrich August informiert? Sah er die Chance gekommen, ihm die Frau zu verleiden? Sie war die einzige, die seine Kreise ernsthaft stören konnte.

In der Folgezeit deutete vieles darauf hin, dass sich Constantia der Zuneigung Friedrich Augusts nicht mehr sicher war. Im Juli 1712 ließ sie sich ihren Besitz schriftlich bestätigen. In dem Schreiben steht, dass sie „nicht die allergeringste Ursach hätte, in die Continuation Unserer Gnaden die geringsten Zweifel zu setzen". Aber offenbar zweifelte sie doch. Und sie wird ihre Gründe gehabt haben. Vielleicht hatte sie von einer gewissen Dönhoff erfahren, die bald Friedrich Augusts zweite polnische Mätresse werden sollte. Ganz gewiss aber dachte Constantia an ihre Zukunft. Sie war wieder schwanger. Zum vierten Mal. In Leipzig zur Herbstmesse wurde es offensichtlich. Ein Beobachter hielt fest: „Die Hymmen (gemeint ist Constantia) hat nichts als etliche Stücke Stoff bekommen, obgleich sie 14 Tage ein Paket vorn Juden (mit Juwelen) bei sich gehabt, aber sie es müssen wieder zurückgeben, worüber sie fast rasend ist ... mit einem Wort kann ich versichern, dass die Liebe sehr zurückgeht und wird wills Gott bald alle werden."

Am 17. Oktober 1712 brachte Constantia einen Jungen zur Welt. Endlich, endlich hatte sie einen Jungen. Sie nannte ihn Friedrich August. Vielleicht würde das Kind ihre Liebe beleben. Darin irrte sie sich. Bald hatte sie vollends Gewissheit: Friedrich August machte einer Polin den Hof. Aber sie, Constantia, war nicht bereit, das Feld freiwillig zu räumen, und schon gar nicht dachte sie daran, auch nur etwas von dem aufzugeben, was sie in den Jahren zuvor erhalten hatte: das Palais, Pillnitz, den Weinberg, den Schmuck, das Silber- und Tafelzeug.

Das große Fest war vorüber, die Jahre des Glücks waren vorbei. Sie trat an, sich als Frau zu behaupten, forderte den Kurfürsten heraus. Das wird ihr nicht bekommen.

Maria Magdalena und Friedrich August

Adám Mányoki hat Maria Magdalena als eine sanfte, schöne Frau gemalt. Auf seinem Gemälde verharrt sie in träumerisch-nachdenklicher Haltung. Flemming, der leitende Kabinettsminister, und Fürstenberg, der einstige Statthalter, sollen dafür gesorgt haben, dass Friedrich August der Polin begegnete. Sie waren zu Feinden der Cosel geworden, weil sie sich in ihre Staatsgeschäfte einmischte. Deshalb hätten sie alles unternommen, um die Gräfin Cosel Friedrich August zu entfremden. Auch der polnische Adel wollte lieber eine polnische Mätresse an der Seite des Königs.

Mätresse eines Königs zu werden war in keiner Weise anstößig. Im Gegenteil: Welches Mädchen, welche adlige Dame hatte schon das Glück, die Geliebte eines Königs zu werden. Erlosch die Zuneigung des Fürsten, hatten die Mätressen in der Regel ausgesorgt. Sie erhielten eine Rente oder wurden standesgemäß verheiratet. Daher ist auch verständlich, dass die Mutter Maria Magdalenas bereit war, ihre Tochter dem König anzubieten. Sie, Flemming und andere bereiteten das erste Treffen mit dem König sorgfältig vor. Er sollte sich in die Polin verlieben. Aber gerade dies passierte vorerst nicht. Will man zeitgenössischen Berichten Glauben schenken, zeigte Friedrich August nur wenig Neigung, Maria Magdalena den Hof zu machen. Ratlosigkeit herrschte im Kreis der Eingeweihten. Das in aller Heimlichkeit und Diskretion errichtete Kuppelspiel schien nicht zu fassen. Friedrich August soll das Komplott durchschaut haben. „Man will mich verliebt machen", soll er gesagt haben. Die Kneipen in Warschaus Altstadt interessierten ihn mehr. Schöne Damen waren dort ohne große Verpflichtung zu haben. Flemming vermutete gar, dass der Wettiner noch immer an der Cosel hing. Offenbar war Friedrich August zu stark auf sie fixiert. Aber gerade diese Abhängigkeit sollte ein Ende finden. Flemming wollte sich in seinen Machtambitionen von niemandem mehr stören lassen, auch von der Cosel nicht. Vielleicht war er auch überzeugt, dass eine polnische Mätresse für Friedrich August genau richtig sei. Flemming kannte Polen besser als der Wettiner. Dem umsichtigen Handeln des Ministers verdankte der Kurfürst die polnische Krone. Also

Maria Magdalena Dönhoff.

musste er, Flemming, vorerst auf Zeit setzen. Die Trennung von der Cosel würde schon wirken. Vielleicht half Flemming auch direkt nach. Friedrich August plante den Übertritt seines Sohnes zur katholischen Konfession. Die Cosel war dagegen; sie lehnte auch Friedrich Augusts zweites Polenabenteuer ab, ja sie pflegte sogar mit den Gegnern Friedrich Augusts Kontakt. Vielleicht ließ Flemming dies alles den König wissen, um ihn in Zorn zu versetzen. Wie es schließlich dazu kam, dass Maria Magdalena zur offiziellen Mätresse erhoben wurde, ist nicht genau nachzuvollziehen.

Im Frühjahr 1712 hielt sich die Gräfin Cosel das letzte Mal in Warschau auf. Nichts deutete auf ein Zerwürfnis hin. Im Mai begleitete sie den Kurfürsten nach Karlsbad. Er unterzog sich dort wieder einer Badekur. In den folgenden Wochen muss eine Entfremdung eingetreten sein. Sie wurde auf der Leipziger Messe deutlich. Beobachter bemerkten, dass sich Friedrich August kaum Zeit für die Cosel nahm. Ab April 1713 wurde die Post der Cosel kontrolliert, ohne dass sie es wusste. Gelegentlich wurde sie auch beobachtet. Bewusst wurden Behauptungen ausgestreut, dass sie sich für andere Männer interessiere. Und ebenfalls im Frühjahr bat Friedrich August seine Mätresse, das Taschenbergpalais vorübergehend zu verlassen, weil er größere bauliche Maßnahmen vorhatte. Die Liaison mit Maria Magdalena Dönhoff könnte demnach 1713 begonnen haben. Pöllnitz weiß, wie es passiert ist: „Nunmehr lud die Großmarschallin den König ein, bei ihr zu speisen, weil sie durchaus wollte, dass er sich in ihre Tochter verliebte. Die Gesellschaft war nicht zahlreich, aber auserlesener als bei der Großschatzmeisterin. Während des Essens ließen die Starostin Cherinska und die Gräfin Dönhoff ihre Stimmen hören und sangen Szenen aus Atys und Sangaris. Frau von Dönhoff, die die Rolle der Sangaris sang, sah dabei unausgesetzt den König an und richtete mit schmachtenden Blicken alle Liebesworte ihrer Partie nur an ihn. Die Mühe war nicht vergebens. Der König ließ sich rühren und sagte ihr tausend Schmeicheleien, auf die sie mit verliebten Blicken antwortete." Schließlich fasste er zu ihr „eine gewisse Zuneigung".

Von Maria Magdalena ist nicht viel bekannt. Sie war die Tochter des polnischen Krongroßmarschalls von Bielinski. Die Familie zählte zum polnischen Hochadel, aber in ihren Kassen sah es nicht sonderlich gut aus. Will man Berichten glauben, dann wollte Maria nichts anderes als gefallen. Sie interessierte sich weder für Politik noch für Krieg. Am liebsten beschäftigte sie sich mit ihrer Garderobe. Bälle und Feste fesselten sie. Friedrich Augusts Mätressen – die Königsmarck, die Teschen, die Cosel – waren gebildete und ehrgeizige Frauen. Sie hatten Temperament und Eigensinn. Vielleicht hatte die Dönhoff davon zu wenig, so dass sie ihn nicht sofort begeisterte. Es scheint, dass sich auch seine Wertschätzung für Maria Magdalena in Grenzen hielt. Er – durchaus freigiebig – gab sich knausrig. Sie erhielt nur 28 233 Taler im Jahr. Dazu kamen Geschenke und andere goldene Aufmerksamkeiten.

Maria Magdalena wusste von der Cosel. Sie war bemüht, die Rivalin endgültig aus dem Feld zu schlagen. Ich stelle mir vor: Friedrich August teilt der Polin mit, dass er zu Jahresende nach Dresden zu reisen beabsichtige. Maria Magdalena erschrickt. Dort ist die andere. Sie ist immer noch gefährlich, das spürt sie. Sie lässt sich ihre Angst nicht anmerken, sie lächelt den König an, macht sich Mut. Sie ist jünger als die andere, mehr als zehn Jahre. Die andere hat drei Kinder geboren. Bestimmt ist ihr Körper nicht mehr so geschmeidig, so fest. Sie sucht den Blick Friedrich Augusts, beugt sich zu ihm herab. Mein König, sagt sie, ich möchte Sie gern nach Dresden begleiten. Sie haben mir viel von Ihrer Residenz erzählt. Sie würden mich glücklich machen, wenn ich sie sehen könnte.

Friedrich August hat vor, ohne sie zu reisen. Er fühlt sich unbehaglich. Hier die eine, dort die andere. Vor Jahren hätte ihn das gefreut, wenn ihn zwei Frauen zur gleichen Zeit geliebt hätten. Er denkt daran, wie er Constantia mit Henriette Duval betrogen hatte. Dringende Geschäfte hatte er vorgeben müssen. Dann war sie doch dahintergekommen und hatte ihm eine Szene bereitet wie eine Vorstadtdirne. Krach und Türenschlagen, Zorn und Galle. Er hatte gelacht, bis sie zu weinen anfing. Das hatte er dann doch nicht ertragen. Seltsam, auf solche Abenteuer hat er keine Lust mehr. Drücken ihn die Jahre, die so schnell zunehmen, diese verdammten Jahre, und dieses Land, das ihn aussaugt? Aber er hat es nicht anders gewollt. Constantia hat Recht behalten, die

Polen danken ihm seine Mühen nicht. Wie hochfahrend sie gewesen ist, sie hat ihm widersprochen, entschieden und kühl. Er denkt ungern an dieses Gespräch, er erinnert sich ungern, dass sie Recht behalten hat.

Maria Magdalena wartet. Sie füllt sein Weinglas nach, reicht es ihm. Er nimmt es gehorsam aus ihrer Hand und leert es in einem Zug.

Maria Magdalena kennt diese heftige Geste. Die steile Falte über der Nase rötet sich. Ihr Wunsch ist ihm unangenehm. Bestimmt wäre es besser zu schweigen. Aber auch sie hat ihren Stolz. Sie ist seine Geliebte, sie hat ein Recht, ihn zu begleiten. Mein König, sagt sie, ich hoffe, meine Wünsche kommen Ihnen nicht ungelegen. So könnte es gewesen sein.

Die Cosel wohnte wieder im Taschenbergpalais. Sie hoffte auf das Ende der Krise. Sie liebte ihn, sie war seine Frau. Er hatte versprochen, sie immer zu lieben. Sie war nicht bereit, die andere hinzunehmen. Sie war keine Maria Aurora, auch keine Teschen. Sie glaubte an sich. Ihrem Freund Haxthausen vertraute sie an: „Vierundzwanzig Stunden meiner Gegenwart genügen, um alles im Herzen des Königs über den Haufen zu werfen, was meine Feinde in einem Jahr gegen mich gebaut haben." In aller Stille bereitete sie eine Reise nach Warschau vor. Sie wollte zum König. Er würde sie nicht zurückstoßen. Sie war sicher, dass alles, was gegen sie sprach, nur üble Verleumdung war, von ihren Feinden dem König eingeflüstert. Ihre Vorbereitungen entgingen Fürstenberg nicht. Als er wusste, wohin die Reise gehen sollte, schickte er Eilkuriere nach Warschau. All jene, die die Cosel nicht mochten, erfuhren von der Absicht der Cosel, nach Warschau zu kommen. Man war sich einig, das musste verhindert werden.

Maria Magdalena ließ den König wissen, dass sie vor der Cosel Angst habe. Dass die Cosel unaufgefordert nach Warschau zu reisen gedachte, das mißfiel ihm. Schon einmal war sie einfach gekommen. Schon damals hatte ihn das geärgert. Er wollte keine Scherereien. „Wenn Sie mich schon nicht nach Dresden mitnehmen", sagte Maria Magdalena, „hier möchte ich ihr nicht begegnen." Sie hielt sich gerade, sehr gerade. Es war nicht gespielt, sie war beleidigt. So gefiel sie ihm. Sie erinnerte ihn einen Augenblick an die Teschen. Sie hielt sich auch sehr gerade, wenn sie beleidigt war. Diese Frauen, diese Polinnen, sie hatten ihren Stolz. Er lachte, lachte laut. Vor einigen Tagen hatte er sich alt gefühlt, müde. Damit war es vorbei. Zwei Frauen, die ihn wollten, das war doch gar nicht so schlecht, das hatte Würze. Er zog Maria Magdalena an sich. „Wir werden sehen", sagte er. Und sie wusste, sie hatte gewonnen.

Die Cosel war inzwischen unterwegs. Sie hatte es eilig. In Widawa, unweit von Lodz, traf sie auf sächsische Offiziere. Sie rieten ihr zurückzukehren. Sie dachte nicht daran. Die Männer wurden deutlicher. Sie untersagten ihr die Weiterreise. Es heißt, sie soll eine Pistole gezogen haben. Schließlich gab sie nach, als sie erfuhr, dass Friedrich August persönlich ihre Anwesenheit in Warschau nicht wünsche.

Auf der Rückfahrt nach Dresden hatte sie viel Zeit zum Nachdenken. Ihre Feinde hatten gesiegt, die junge Polin hatte sich durchgesetzt. Der König hatte sein Wort gebrochen, und er hatte nicht mal den Mut, vor sie zu treten. Seine Soldaten schickte er ihr entgegen. Sie würde es ihm nicht leicht machen, sie musste an ihre Zukunft denken.

Wenige Tage nach ihrer Rückkehr wurde die Doppelwache vor dem Palais abgezogen. Alle Welt sah es nun, dass die Cosel in Ungnade gefallen war.

Ich stelle mir vor: Als sie die Wache nicht mehr sieht, erschrickt sie. Sie ahnt, dass sie ohne Einfluss ist. Der König will sich ihrer entledigen. Das Glück hat sich von ihr abgewendet. Dieses trügerische Glück. Wenn man es am meisten braucht, entzieht es sich. Sie fühlt sich missbraucht, weggeworfen. Wie damals in Wolfenbüttel. Dieses Wolfenbüttel ist ein Trauma, und es hat sich wiederholt. Aber wegjagen lässt sie sich nicht. Das Palais gehört ihr. Sie hat drei Kinder von ihm, er hat sie legitimiert, sie sind sein und ihr Fleisch. Langsam geht sie durch die Räume. Überall die Zeichen der großen Zeit. Die Gemälde, der Schmuck, der gelbe

Ehrentempel zum 49. Geburtstag Augusts des Starken am 12. Mai 1718. Abendliche Festtafel im Innern eines Pavillons.

Diamant. Sie hat ihn getragen, als Frederik, der dänische König, in Dresden war. Wenn sie der König nicht mehr will, wird sie sich teuer verkaufen, sie ist nicht mehr das ängstliche Hoffräulein von Depenau, sie hat mit Fürsten und Gesandten verkehrt.

Maria Magdalena hatte sich nicht geirrt. Der König befahl der Cosel, Dresden zu verlassen. Pillnitz wurde ihr als Aufenthaltsort vorgeschrieben. Die Cosel weigerte sich, aus dem Palais zu ziehen. Sie glaubte nicht, dass Friedrich August persönlich den Befehl erteilt hatte. Flemming belehrte sie eines Besseren. Freunde rieten ihr, sich zu fügen.

Der Staatsminister Graf Jakob Heinrich von Flemming favorisierte Maria Magdalena als Mätresse.

Am 22. Dezember 1713 verließ sie Dresden. Den Schlüssel zum Palais behielt sie. Was sie empfand, ist in einigen ihrer Briefe zu lesen: „Man braucht die Laterne des Diogenes, um einen wahren Charakter zu finden." Und: „Der Königstein ist besser, als in aller Welt bekannt zu sein als Person, die wegen schlechter Aufführung ins Exil gejagt wird ..."

Heiligabend traf der Kurfürst in Dresden ein. Wenige Tage später folgte ihm Maria Magdalena. Sie bezog Wohnung in Fürstenbergs Palais. Und als sie mit Friedrich August die Oper besuchte, wusste es die ganze Stadt: Der König hat seine polnische Mätresse mitgebracht. Flemming, Fürstenberg und Löwendahl waren zufrieden. Nun würde ihnen die Cosel nicht mehr in ihr Handwerk pfuschen. Als Friedrich August mit Maria Magdalena zur Neujahrsmesse nach Leipzig fuhr, war die Sensation perfekt. Gesandte und Klatschdamen sorgten dafür, dass der Fall der Cosel an den deutschen Höfen bekannt wurde. Selbst Maria Aurora schien über das Ende der Cosel erfreut. Sofort berichtete sie ihrem alten Freund Arthur Ulrich in Wolfenbüttel, dass die Cosel einer Polin weichen musste. Das Komplott, das in Warschau geschmiedet worden war, hatte Erfolg. Und die Beteiligten wünschten sich, dass es anhielt. Manteuffel in einem Brief an Flemming: „Da die Gräfin sich uns gegenüber sehr gut benimmt, so glaube ich, dass man versuchen muß, sie, wenigstens für jetzt, zu halten. Die Gräfin ist wie ein Kind, das nicht allein laufen kann, und das auf die Nase purzelt, sobald man aufhört, es zu führen ... Ich glaube, es liegt in unserem gemeinsamen Interesse und in dem des Königs selbst, uns an diese zu halten. Gott weiß, in welche Hände wir nach ihrer Entlassung fallen könnten."

Deutlicher können Interessen nicht widerspiegelt werden. Damit ist auch tatsächlich bewiesen, dass Flemming sehr aktiv Maria Magdalena als Mätresse favorisiert hat. Aber ihre Wünsche erfüllen sich nicht. Maria Magdalena erging es wie ihren Vorgängerinnen. Sie wurde 1719 offiziell als Mätresse entlassen. Sehr traf sie das offenbar nicht. Sofort stellten sich Bewerber ein. Noch im gleichen Jahr heiratete sie den Fürsten Jerzy Lubomirski. Damit war sie erneut versorgt. Alt wurde sie nicht, sie starb 1733, wie August der Starke.

Um 1719 trat etwas sehr Merkwürdiges ein. Friedrich August machte keine Anstalten, sich eine neue Mätresse zu suchen. Alle Bemühungen, ihn wieder verliebt zu machen, schlugen fehl. Ein König ohne Mätresse – an den beiden Höfen sah man es mit Sorgen. Dies fiel umso mehr auf, als Dresden das Fest aller Zeiten erlebte. In Wien war im August 1719 von den Häusern Habsburg und Wettin ein Heiratsvertrag unterzeichnet worden. Sachsens Thronfolger Friedrich August und die Tochter des Kaisers Joseph, die Herzogin Maria Josepha, gelobten sich ewige Treue. Dieses Ereignis war von europäischer Bedeutung. Das große kaiserliche Habsburg und das kleinere Sachsen bekundeten ihre freundschaftlichen Beziehungen. August der Starke erhoffte sich von dieser Hochzeit mehr. All seine Bemühungen, Sachsen territorial zu vergrößern, waren fehlgeschlagen. Und ihm war wohl klar geworden, dass weder die Hohenzollern noch die Habsburger freiwillig Land herausrücken würden. Mit der Hochzeit stellte sich eine neue Chance ein, über die Erbansprüche Josephas zu habsburgischen Territorien zu gelangen. Mehrere Wochen wurden in Dresden Feste gefeiert. Glanz und Aufwand überstiegen die Feierlichkeiten anlässlich des dänischen Königsbesuchs im Jahre 1709 um einiges. Manche erinnerten sich an die großen Tage der Cosel. Diesmal war der König ohne Mätresse, ohne das Strahlen einer schönen Frau, das war wirklich Besorgnis erregend. War Friedrich August der Frauen müde geworden? Ganz wohl nicht. Er vermied es nur, neue Verpflichtungen einzugehen. Er soll der Gunst des Augenblicks gelebt haben. Flemming berichtete, dass ihm selbst gemeine Frauen recht waren. Und der preußische Gesandte in Dresden schrieb nach Berlin: „Bei solchen Gelegenheiten wird wahrgenommen, dass Ihre Königliche Majestät ein besonders gefälligen und gnädigen Empfang den italienischen und französischen Virtuosinnen geben, die zu den Opern und Comoedien hier beschäftigt werden, die S. M. nicht allein würdigen, wenn sie deren in Umstand gewahr werden, gütigst anzureden und dazu wohl vom Pferd absteigen, sonders suchen auch wohl das Vergnügen mit einer und der anderen sich bey andern Gelegenheiten aparte zu divertieren (belustigen), zumal Sie jetzo mit einem einzelnen Frauenzimmer an dem Hof zu Ihrer Ergötzlichkeit nicht wie sonst versehen." Eine offizielle Bestätigung, dass der Wettiner tatsächlich ohne Mätresse auskam. Vielleicht ist wahr, was später so legendenhaft gemalt wurde. Seit dem Fall der strahlenden Constantia und ihrer bevorstehenden Verbannung auf Burg Stolpen hätte ihn ein schlechtes Gewissen geplagt. Rührend. Vielleicht sollte man tatsächlich glauben, dass Fürsten ein Gewissen haben.

Die Flucht der Gräfin Cosel

Die Gräfin Cosel muss bald eingesehen haben, dass sie als Geliebte ausgedient hatte. Maria Magdalena Dönhoffs Aufenthalt in Dresden bestätigte sie darin. In einem Brief Constantias an ihre Mutter wird deutlich, dass sie alle Schuld der Polin zuweist: „Der König wird nach Polen gehen, wenn seine ganze Suite mitgeht, werde ich wohl bald nach Dresden kommen, wo aber das Weibervolk bleibt, muß ich hier bleiben, denn sie sich vor mich fürchten als vor dem Teufel und kommt all mein Leiden umb ihrenthalben, weil sie alles wollen von mir besitzen und sich beständig sorgen, daß ich ihnen die Schuhe austrate. Der König würde nicht solche unbillige Dinge vorgenommen haben, wenn sie und ihre Rathgebers ihn nicht dazu verleiteten. Man hat mich versprochen, meine Häuser zu bezahlen, jetzunder aber gedenkt niemand daran. Indessen logiert die Dönnhoffen mit ihrer ganzen Ligue in das meinige und durff mich nicht einmahl darüber beschweren." Es ist verständlich, dass die Gräfin Cosel besonders verbittert war, dass die Polin im Taschenbergpalais wohnte. Mit Recht! Es war einfach taktlos.

Friedrich August schickte Watzdorf als Unterhändler nach Pillnitz. Erneut bestand der Kurfürst auf der Herausgabe des Eheversprechens. Die Gräfin Cosel lehnte ab. Später änderte sie ihre Taktik. Sie behauptete, nicht mehr im Besitz der Papiere zu sein. Schon vor Jahren hätte sie das Eheversprechen im Archiv der Familie Rantzau in Drage deponiert. Um an das Papier heranzukommen – soll sie Watzdorf erklärt haben –, müsse sie zu ihrem Vetter nach Berlin reisen. Ihm habe sie die Papiere anvertraut, und nur von ihm könne sie sie zurückerhalten. Angeblich stimmte Watzdorf ihrer Reise zu. Allerdings ist das weder bewiesen noch belegt.

Das Unglück nahm seinen Lauf. Ihr Vetter saß in Spandau ein. Er forderte, dass ihn die Cosel freikaufte. Nur dann erhalte sie die Papiere. Die Cosel – selbst in Geldnöten – war dazu angeblich nicht in der Lage. All das klingt sehr unwahrscheinlich. Richtig ist wohl, dass die Cosel Vorwände suchte (wenn überhaupt), um Dresden zu verlassen. Dafür spricht vieles. Schon seit längerem

1715 floh die Gräfin Cosel aus Pillnitz.

ließ sie Wertgegenstände aus Sachsen bringen. Auch jetzt im Dezember 1715 bereitete sie fünfzehn Kisten voller Silberzeug, Porzellan und anderer Wertgegenstände zum Abtransport vor. Die Ermittler Friedrich Augusts werden Jahre benötigen, um wieder alles nach Dresden zurückzuführen.

Am 12. Dezember 1715 verließ die Gräfin Cosel heimlich Pillnitz. Ihren Sohn Friedrich August, der inzwischen drei Jahre alt war, ließ sie im Schloss zurück. Als ihre Abwesenheit bekannt wurde, bliesen Löwendahl und Fürstenberg sofort Sturm. Für sie war klar: Die Cosel war geflohen. Friedrich August wurde per Eilkurier informiert. Niemand weiß, wie er reagierte. Aber annehmen darf man, dass ihn ihr Verhalten erboste. Schon seit langem stellte sie sich gegen seinen Willen. Und nun war sie auch noch zu den Hohenzollern geflohen. Als die Cosel nicht zurückkehrte, reiste Watzdorf nach Berlin. Er forderte die Cosel auf, nach Sachsen zurückzukehren. Die Cosel lehnte ab. Das war Friedrich August zuviel. Er erteilte Manteuffel, der als sächsischer Gesandter in Berlin tätig war, den Befehl, ihre Auslieferung von Friedrich Wilhelm zu erreichen. Der Hohenzoller schien dazu nicht geneigt. Es sollten noch einige Monate vergehen, ehe der Wettiner sein Ziel erreichte.

Die Cosel ahnte nicht, was sie bedrohte. Ihre Versuche, am Berliner Hof Unterstützung zu bekommen, brachten nichts ein. Sie verließ Berlin und ging nach Halle. Hier hielt sie sich sozusagen als unbekannte Dame im Gasthaus „Zur Preußischen Krone" auf. Inzwischen arbeitete Friedrich Augusts Unterhandler erfolgreich. Die Gräfin Cosel wurde an der Saale unter Arrest gestellt.

Ich stelle mir vor: Sie wird in Panik ausgebrochen sein. Sie wird sich nicht erklären können, was ihr zur Last gelegt wird. Sie bemüht sich, herauszubekommen, was ihr vorgehalten wird, sie erfährt nichts. Aber eines wird ihr klar, sie ist auch in Preußen in Gefahr. Sie denkt an Flucht, aber wohin soll sie fliehen? Nach Hannover? Aber dann ist es auch dafür zu spät. Vor ihrer Tür und draußen auf der Gasse entdeckt sie preußische Bewachung. Dennoch scheint es, als wolle Friedrich Wilhelm die Cosel nicht an Friedrich August übergeben. Der Wettiner bleibt hartnäckig, ver-

August der Starke hatte Schloss und Park Pillnitz zu einer großartigen
Barockanlage umgestalten lassen. Er schenkte es der Reichsgräfin von

Cosel, entzog es ihr aber wieder, nachdem diese 1713 in Ungnade gefallen war.

weist auf Gründe, warum er die „Comtesse von Cossel" haben will. Gabriele Hoffmann schreibt in ihrer Biographie über die Cosel, die Gründe, weswegen er, der Wettiner, die Cosel hätte haben wollen, seien ganz andere, nämlich: „die schlimme und gefährliche Sprache der Gräfin von Cosel, ihr unternehmender und kühner Geist, der zu allem fähig ist, um ihre Leidenschaften und ihre Wut zu befriedigen, sogar zu dem Versuch, durch stärkste Mittel Zwietracht und Verwirrung unter Souveränen zu bringen, die die besten und einigsten Freunde sind".

Schließlich werden sich die beiden Herren einig. Einer gibt dem anderen auf noble Art. Der Wettiner liefert dem Hohenzollern preußische Deserteure aus. Dafür erhält er seine ehemalige Geliebte. Bereits zuvor hatte er sich erklärt, was mit der Cosel passieren soll. „Meine Absicht ist, daß sie ehrenhaft behandelt werden soll", lässt er Watzdorf wissen, „es wird genügen, wenn man ihr zwei Offiziere gibt, ohne andere Wachen, um sie an einen sicheren Ort zu bringen, der entweder das Schloss von Meißen sein könnte oder das von Nossen."

Am 21. November 1716 wird die Cosel sächsischen Offizieren übergeben. Sie weiß nicht, was man mit ihr vorhat. Die erste Übernachtung erfolgt in Merseburg. Am nächsten Tag wird Leipzig passiert. Des Nachts wird sie von den Offizieren vergewaltigt. Später schreibt sie: „Und wenn das Unglück mich schwanger macht, werde ich dieses Produkt für den Messias ausgeben." In Leipzig versucht sie zu fliehen, aber niemand wagt, ihr zu helfen. In Nossen ist sie mit den Nerven am Ende. Über ihren Zustand heißt es in einem Brief: „Die arme Gräfin Cosel ist miserabel. Man hat sie unterwegs von Halle todkrank geholet, der Schlag hat sie gerührt, die ganze rechte Seite ist lahm. Sie ißt und trinkt nichts, es ist recht zu erbarmen. Die Geistlichen sind bei ihr, um sie zu trösten ... Sie ist so miserabel, daß es einen Stein möchte erbarmen."

Meißen und Nossen erscheinen den Leuten, die sich für die künftige Gefangene verantwortlich fühlen werden, zu unsicher. Sie schlagen Stolpen vor. Friedrich August stimmt der Gefangenschaft auf Burg Stolpen zu. Am 24. Dezember 1716 ist der Ort erreicht. Die Gefangenschaft beginnt.

Lebenslänglich

Die Burg, der Fels, die kalten Mauern, der Tiergarten. Aber der war unerreichbar, auch die Stadt, die sich unterhalb der Auffahrt anschloss. Als sie mitbekam, wo sie sich befand, krampfte sich ihr Herz zusammen, und einen Augenblick hörte es auf zu schlagen. Die Festung Stolpen. Dieser düstere Ort hatte ihr schon damals nicht gefallen, als sie mit Friedrich August hier war. Wann war das gewesen? Sie hatte Mühe, sich zu erinnern. Es war im Juni, es war in jenem Sommer, der so verregnet war. Selbst aus Pillnitz waren sie geflohen. Quer durch das Land waren sie gereist. Torgau, Zwickau, Meißen. An Meißen erinnerte sie sich gern. Und Zwickau war dunkel von Wäldern umsäumt. Dann war er nach Brüssel gereist. Wieder in den Krieg. Im Februar hatte sie Augusta Constantia geboren. Jetzt wusste sie es, es war im Jahr 1708.

Sie legte das große Schaffell um sich. Seit Mittag schneite es. Das hüglige Land lag unterm Weiß. Seltsamerweise erinnerte sie sich jetzt an ein großes Gemälde. Da hatte einer Bauernhäuser im Schnee gemalt. Das Weiß hatte er um sie geschlungen wie ein Leichentuch. Auch das Licht auf dem Gemälde war wie heute. Dieser eigenartige gelb-graue Himmel. Hierher also hatte er sie bringen lassen. Warum? Was hatte sie getan? Worin lag ihr Verbrechen? Dass sie sich ihm nicht gefügt, dass sie auch ein Recht auf Ehre gefordert hatte? Aber sie hatte sich schon immer ungern gefügt, wenn sie an sich Unrecht erfuhr, schon als Kind. Und welche Schläge hatte sie vom Vater bekommen. Ihre Mutter hatte es hingenommen ohne ein Wort der Ablehnung. Auch in Wolfenbüttel hatte sie widersprochen. Man hatte ihr Gewalt angedroht, offen. Darauf hatte sie Angst bekommen. Sie wird an den König schreiben. Vielleicht war alles nur ein Missverständnis. Er muss es erfahren, wie ihr Leid zugefügt wurde. Er kann es doch nicht dulden, dass sie roh und grob behandelt wurde. Er muss die Männer bestrafen, die sie vergewaltigt haben. Vor allem die beiden Offiziere, diese Schweine, gehören bestraft. Sie läutete. Das Stubenmädchen erschien. Sie verlangte Papier und Feder. Das Mädchen bedauerte. Nichts davon war im Haus. Constantia wurde wütend. „Dann besorg es!", rief sie. Das Mädchen zuckte zusammen. „Es ist Ihnen verboten zu schreiben", sagte sie. Constantia

Die Cosel in älteren Jahren.

stieß mit einem Fuß gegen den Stuhl. Er kippte um. Diese Brut, sie musste hier raus, sie wird sie alle vernichten, auch Flemming, den sie bis zum Schluss für ihren Freund gehalten hatte, und Löwendahl, diesen Wurm. Sie hatte ihm zu Amt und Würden verholfen. Wie sie sich nur in dieser Kreatur hatte täuschen können. Er war ein Nichts. Sie sah über die weißen, langen Hügel. Allmählich beruhigte sie sich. Es wird sich alles aufklären. Es konnte der Wille des Königs nicht sein, dass sie hier fror, hinter diesen kalten Mauern, in diesen dunklen Räumen. Sie bat den Kommandanten zu sich. Der Mann, eifrig und linkisch, schien sie zu bedauern. Sie forderte Papier und Glühwein. Papier erhielt sie nicht, der Glühwein wurde ihr gewährt.

Der Cosel wurden auf Burg Stolpen zwei Stockwerke im Zeughaus zugewiesen. Fünf Personen standen zu ihrer Bedienung bereit. Kammermädchen, Magd, Koch, Tafeldecker, Stubenheizer. Die Anzahl der Diener reichte durchaus, um die Cosel standesgemäß zu versorgen. Schon in den ersten Tagen musste sie erfahren, dass sie in strenger Gefangenschaft gehalten wurde. Mit ihrer Ankunft wurden die Wachen verstärkt. Friedrich August befahl eigenhändig nach Stolpen: „Niemand soll ohne Verwissen des Kommandanten und dem Käpitän Heinecken ins Schloß gelassen werden, dass sie durch dieselben eine Unterredung pflegen kann." Offenbar mißtraute der Wettiner auch der Besatzung. Weiter heißt es: „Weder der Major noch der Käpitän Heinecken sollen allein mit der Gräfin sprechen, sondern beide nur zusammen, sie sollen nicht mit ihr essen ... Spaziergänge im Tiergarten sind ihr in Begleitung des Majors und des Kapitäns zu gestatten, doch sind die Schildwachen um den Tiergarten, der vorher zu visitieren ist, zu stellen ... Geld darf der Gräfin nicht gegeben werden ... In der unter der Gräfin Fenster nach dem Tiergarten zu liegenden Wachstuben muß Tag und Nacht ein Unteroffizier mit der nötigen Mannschaft verbleiben, die aufs schärfste anzuweisen sind, wohl achtzuhaben, damit von den Fenstern nichts heruntergelassen oder hinaufgezogen werden könne."

Diese Härte. Es scheint so, dass August der Starke über alle Maßen und bis ins Tiefste empört über die Gräfin war. Verzieh er ihr die Flucht nach Preußen nicht? Sah er darin wirklich Verrat?

Von der Burg Stolpen aus hat man einen weiten Blick. Die Burg steht auf einer 350 Meter hohen Basaltkuppe.

Später wird behauptet, dass die Cosel in Preußen Staatsgeheimnisse hätte verraten können. Deshalb habe August der Starke sie so unerbittlich verfolgt. Dieses Argument erscheint mir sehr fragwürdig. Schon lange wusste sie nichts Genaues mehr über die Regierungsgeschäfte am Warschauer und Dresdner Hof. Sie war isoliert. In Pillnitz erfuhr sie auch nichts. Und in Warschau war sie schon Jahre nicht mehr gewesen. Und was hätte sie verraten können? Was hätte sie mehr wissen können als der Preußische Gesandte am Dresdner Hof? Ich vermute: Die Cosel hat etwas Ungeheures gewagt: Sie hat sich ihrem Fürsten entgegengestellt, sich ihm widersetzt. Das war Frevel.

Friedrich August hatte zuvor in einem Brief ihre ehrenhafte Behandlung verlangt. Ehrenhaft war es nicht, wenn er sie wie eine Schwerverbrecherin bewachen ließ und ihr jeden Kontakt nach

Rechts der Johannisturm auf der Burg Stolpen, in dem die Gräfin Cosel
49 Jahre in Verbannung leben mußte.

außen verbot. Interessant ist, dass ihre Gefangenschaft geheimge-
halten wurde. Niemand sollte erfahren, dass sie auf der Festung
Stolpen saß. Wer nach ihrem Vergehen fragte, dem sollte geant-
wortet werden, dass sie sich alle Schuld selbst zuzuschreiben habe.
„Ihre Bosheit, ihr Geiz, ihre Intrigen und ihre schlechte
Aufführung" sollten als Grund ihrer Gefangenschaft angegeben
werden. So jedenfalls riet es ihm seine Behörde. Diese Begründung
erschien wohl selbst dem Wettiner sehr fadenscheinig. Er hielt es
am einfachsten, er sagte gar nichts. Auch seine Behörden waren in
dieser Angelegenheit ziemlich ratlos: Viel später stellte das
Geheime Kabinett fest: „Es seien dem treugehorsamsten
Ministerio die eigentlichen Ursachen, warum die Gräfin mit Arrest
belegt, so genau und zuverlässig nicht bekannt, es wisse aber auch
nicht, dass sie etwas Criminelles oder so etwas Enormes begangen,
weshalb sie mit ewigem Gefängnis bestraft zu werden verdiene."

Als letzter Grund für seinen großen Zorn (vielleicht auch für seinen Hass?) bleibt das Eheversprechen. Dieses Papier war das Einzige, was ihn hätte kompromittieren können. Einer Frau die Ehe zu versprechen, wenn noch die eigene und von Gesetzes Kraft zugesprochene lebt, ist und bleibt makaber. So – zumindest – könnte man urteilen. Sieht man genauer hin, dann wiegt auch dieser Grund nicht allzu viel. Friedrich August hat sich über ganz andere Verträge, Abschlüsse, Zusagen hinweggesetzt. Er hat Verträge gebrochen, Versprechen nicht gehalten. Siehe den Altranstädter Frieden. Sollte ihm ein solches Papier wirklich Unbehagen bereitet haben? Sollte er gar das Wissen um den Inhalt gefürchtet haben? Ich meine, nein. Fragen, Fragen – sie zu beantworten wird kaum möglich sein. Fest steht nur eins: Das Vermögen seiner einstigen Geliebten interessierte ihn sehr.

Er gab Befehl, die Höhe ihres Vermögens festzustellen. Interessant, dass hierbei gewisse Verwaltungsmechanismen funktionierten. Es lag nicht in seiner Kraft, sich über alles hinwegzusetzen, schon gar nicht konnte er sich das Vermögen der Cosel ohne weiteres aneignen. Ein Kuratorium wurde eingesetzt. Es bestand zumeist aus bürgerlichen Finanzexperten. Sie hatten den Umfang des Coselschen Vermögens festzustellen. Und: Friedrich August gab Befehl, die ins Ausland verschickten Kisten ausfindig zu machen und zurückzuholen. Dies erwies sich als überaus kompliziert. Einige waren in Hamburg deponiert, andere in Berlin, vieles befand sich wohl auch noch in Böhmen.

Pillnitz wurde der Cosel entzogen. Friedrich August – nicht in der Lage, es abzukaufen, oder dazu nicht willens – sicherte zu, auf den festgelegten Kaufpreis von 64 000 Talern Zinsen zu zahlen. Insgesamt – so stellen die Kuratoren fest – müsste Friedrich August der Cosel 300 000 Taler hinlegen. Er tut das natürlich nicht. Und es ist nicht bekannt, ob er es jemals getan hat. Das Vermögen der Cosel belief sich auf 624 934 Reichstaler, fünf Groschen und zehn Pfennig. 1703 war sie mit nichts angekommen. Sie hätte demnach gut gewirtschaftet und sich ordentlich beschenken lassen. Verglichen mit Flemmings Vermögen war das wenig; er hinterließ 16 Millionen Taler. Das Geld der Cosel allerdings stand der Gefangenen nicht zur Verfügung, jeder Groschen musste genehmigt werden.

Friedrich August II., der Sohn August des Starken.

Die Gräfin Cosel nahm ihre Gefangenschaft nicht tatenlos hin. Friedrich August reagierte nicht auf ihre Briefe. Sie wandte sich an Flemming, auch wenn sie stark annahm, dass er nicht ihr Freund war. Aber sie hatte keine andere Wahl. Flemming gab vor, sich für sie beim Kurfürsten verwendet zu haben, wie er ihr in einem Brief vom 11. März 1719 mitteilte. 1725 lehnte der Kurfürst die Freilassung der Cosel erneut ab.

23. Juli 1727. Ich stelle mir vor: Constantia erfährt, dass der Kurfürst nach Stolpen kommt. Fast elf Jahre lebt sie in Gefangenschaft. Sie betrachtet sich im Spiegel. Die Zeit hat ihre Spuren hinterlassen. Sie ist knapp 47 Jahre alt. Sie kleidet sich sorgfältig an, lange betrachtet sie ihr müdes blasses Gesicht, das sie zu verschönen versucht. Bestimmt wird der König sie besuchen, bestimmt wird er sie freilassen. Das wird sie gehofft haben. Sie weiß noch immer nicht, warum sie festgehalten wird. Niemand gibt ihr eine Chance, sich zu erklären, niemand nennt ihr die Gründe. Sie wartet. Gegen Mittag dringen erste Geräusche zu ihr herauf. Fanfarenklänge. Das Pflaster beginnt zu klingen. Schon ist die Vorhut da. Bestimmt wird der König in die Festung reiten. Wie damals, als sie an seiner Seite gewesen war. Sie steht, blass, mager, sie wartet. Über die sommerlichen Felder gleiten Wolkenschatten, als hätten sie es eilig, wegzukommen. Der König kommt, unter blauem Himmel. Sie wartet. Dann ist es so weit, sie sieht ihn. Sie wendet sich ab. Er ist nicht nach Stolpen gekommen, um sie abzuholen. Törichtes, dummes Weib. Sie füllt das Glas mit Wein. Sie trinkt es hastig, füllt nach. Ein irres Lachen beginnt sie zu schütteln.

1733 starb Friedrich August I. in Warschau. Es heißt, die Gräfin Cosel hätte Trauerkleidung angelegt, als sie von seinem Tod erfuhr. Verbürgt ist, dass sie nun auf die Freiheit hoffte. Jene, die vielleicht ihr Unglück mitverschuldet hatten, waren alt geworden oder gestorben. Flemming war schon fünf Jahre tot. Sie war 52 Jahre alt, 17 Jahre war sie auf der Burg gefangen gehalten worden. Nach den vielen Jahren würde nun wohl niemand etwas gegen ihre Freiheit haben. Sie wandte sich an Graf Wackerbarth. Zum wiederholten Male versicherte sie, dass sie sich keiner Schuld bewusst sei. Wackerbarth antwortete nicht. Sie wandte sich an Friedrich August II. Er war jetzt Kurfürst.

Das Wohnzimmer der Gräfin Cosel auf der Burg Stolpen.

Ich stelle mir vor, es fiel ihr nicht leicht, sich an Friedrich Augusts Sohn zu wenden. Der Kurprinz hatte sie nicht gemocht, auch ihre Kinder nicht. Aber es blieb ihr nichts anderes übrig. Vielleicht würde sie ihm gleichgültig sein. Sie war eine alte Frau. Sie bittet eindringlich, ihr gnädig zu sein. Sie versiegelt ihren Brief, lässt ihn nach Dresden depeschieren. Sie wartet. Tage. Wochen. Monate. Friedrich August, der Sohn ihres Liebhabers, lehnt ihre Freilassung ab. Dafür gibt es nun gar keinen Grund. Die Frau hatte ihm nie etwas getan.

Die lebenslange Gefangenschaft der Gräfin Cosel ist nicht zu erklären. Wenn schon Friedrich August ihre Freilassung ablehnte, sein Sohn hätte ohne Bedenken großzügiger sein können. Sie erhielt lediglich Hafterleichterung, sie durfte Besuch empfangen und Briefe schreiben (die natürlich durch die Zensur gingen).

Auffällig ist, dass ihre Kinder nichts für sie unternahmen. Schon vorher nicht. Nach dem Fall der Cosel wurden die Töchter von Depenau nach Dresden geholt und am Hof erzogen. Zu ihrer Hochzeit erhielten beide Töchter eine Mitgift von jeweils 100 000 Talern aus dem Vermögen ihrer Mutter. Vielleicht waren sie gar nicht interessiert, dass ihre Mutter freikam? Wozu? So eng wird die Bindung der Töchter zur Mutter nicht gewesen sein. All die Jahre waren sie in Depenau gewesen. Die Rückkehr der Cosel ins gesellschaftliche Leben hätte nur Geld gekostet, das ihnen womöglich entzogen worden wäre.

Die Gräfin Cosel blieb bis zu ihrem Tode Gefangene auf Burg Stolpen. Die späteren Behauptungen, dass sie die Freiheit erhalten und aus lauter Anhänglichkeit und Gewohnheit auf der Burg geblieben sei, entbehren jeder Tatsache. Mit zunehmendem Alter fand sie Trost in der jüdischen Religion. Kaum noch – so heißt es – verließ sie ihren Turm. Sie verfiel geistig und körperlich. Über ihre Bleibe heißt es in einer Beschreibung: „In dem kleinen Wohnzimmer waren keine Tapeten, zwei alte, sehr schadhafte Stühle, ebenso viele kleine hölzerne Tische, ein großes, hölzernes Bett ohne Vorhänge und der Gräfin eigener Stuhl, darauf sie zwischen zwei hölzernen Seitenlehnen ohne Rückenstück auf zwei alten, übereinanderliegenden Federkissen, den Rücken allzeit dem Ofen zukehrend, gesessen. Durch den vielen Rauch und Dampf einer mitten im Zimmer von der Decke herabhängenden Lampe, welche von Abend bis zum hellen Morgen brennen mußte, war alles so schwarz geworden, dass man den Zeiger einer an der Wand hängenden, schlechten Schlaguhr nicht erkennen konnte." Welch ein trauriges Leben nach so kurzem Glanz. Die Liebe hat ihr kein Glück gebracht. Die Gräfin starb am 31. März 1765. Acht Jahre war sie Mätresse gewesen, 49 Jahre büßte sie für ihr Aufbegehren.

Gehässige Mär: Die Tochter als Geliebte

Mär und Fama umgeben die Gräfin Anna Cathérina Orczelska. Die Rokokomalerin Rosalba Carriera stellte sie als eigenwillige exotische Schönheit dar. Auf dem Porträt dominieren Mund, Nase und eckiges Kinn. Unübersehbar die verhaltene Erotik. Sie muss eine schöne Frau gewesen sein. Schwer vorstellbar, dass Anna Cathérina ritt und schoss und gerne Uniformen trug. Im Spiel soll sie hemmungslos gewesen sein. Nicht selten ging sie Wetten ein, die sie zum halsbrecherischen Reiten verführten. Einmal ritt sie mit einem Offizier von Warschau nach Dresden um die Wette. Wer gewann, ist unbekannt.

Anna Cathérina wurde vieles unterstellt. Wieder einmal tat sich die Markgräfin von Bayreuth, Wilhelmine, hervor. Im kleinen Bayreuth, das der Hohenzollerntochter und Schwester Friedrichs des Großen gewiss nicht allzu viel Abwechslung bot, war man auf die große Welt sehr gierig. Sie schrieb: „Seine damalige Mätresse (gemeint ist Friedrich August) oder wenigstens jene unter seinen Frauen, die er besonders auszeichnete, war seine eigene Tochter, die er mit einer in Warschau wohnenden französischen Kammerfrau gezeugt hatte: Er hat sie inzwischen zur Gräfin gemacht." Und natürlich hat auch Pöllnitz eine Geschichte zu erzählen: „In Warschau lebte damals ein Weinhändler Duval, Franzose von Geburt, der eine äußerst schöne Tochter namens Henriette hatte. Die ganze vornehme Jugend Warschaus machte ihr den Hof, und keine Schönheit der Hauptstadt wurde mehr umschwärmt. Sie war gegen alle gleich liebenswürdig, und niemand konnte sagen, welchen Anbeter sie begünstigte. Von diesem jungen Mädchen war auch am Hof viel die Rede." Klar, dass Friedrich August neugierig wurde. Er verkleidete sich als einfacher Mann und suchte die Weinkneipe auf. Die Wirtshaustochter gefiel ihm und – welch ein Glück – er gefiel ihr auch. Er machte ihr ein Kind, ohne es vorerst zu erfahren.

Als die Tochter zur Welt kam, war er außer Landes. Karl XII. hatte ihn aus Polen vertrieben. Das Mädchen kam dahinter, wer ihr feuriger Liebhaber war (vielleicht offenbarte er sich ihr auch in

Augusts französisch-polnische Geliebte Henriette Duval,
Mutter der Gräfin Orczelska.

einer schwachen Stunde, dass er kein Fleischergesell war), und ließ ihn von seiner Vaterschaft wissen. Als ihm die Tochter schließlich genug ähnelte, holte er sie an den Dresdner Hof und sorgte für Mutter und Verwandtschaft. Will man der Fama glauben, dann schlief die wilde Orczelska gar mit allen ihren Halbbrüdern, also seinen Söhnen. Wilhelmine behauptete, dass Rutowski, der Sohn der türkischen Geliebten Fatime und Friedrich Augusts, der auserwählte Geliebte der Anna Cathérina gewesen sei. Mehr noch: Er habe sie Friedrich August in Warschau vorgestellt. Der Rest ist vorstellbar: Der Wüstling, der so viele Kinder besaß wie das Jahr Tage, teilte sich hinfort seine Tochter mit seinem Sohn. Für all das gibt es nicht die geringsten Beweise.

Richtig ist, Henriettes Eltern besaßen tatsächlich eine Weinhandlung in Warschau. Und: Henriette ist die Mutter der späteren Gräfin Orczelska. Anna Cathérina wurde 1707 geboren. Friedrich August legitimierte sie und holte sie an den Dresdner Hof. Sie wurde zur Gräfin erhöht. Mit 15 Jahren soll sie in die große Familie Friedrich Augusts aufgenommen worden sein. Das wäre demnach 1722 gewesen. Da war Friedrich August 52 Jahre alt. Zu dieser Zeit besaß der Kurfürst keine offizielle Mätresse. Die Dönhoff hatte 1719 ihren Abschied erhalten. Zur Hochzeit des Thronfolgers stellte man mit Befremden fest, dass der Kurfürst das große Fest ohne Mätresse beging. Danach traten zwei Frauen in sein Leben. Von ihnen ist nicht allzu viel bekannt. Erdmuthe Sophie von Dieskau, endlich eine Sächsin, wurde 1720 Mätresse. Sie soll es nur ein Jahr gewesen sein. Ihr folgte Henriette von Osterhausen. Auch ihre Zeit währte nur kurz. Nach ihr soll er – so Wilhelmine aus Bayreuth – für sein eigen Fleisch und Blut entbrannt sein.

Um Anna Cathérina weben sich noch andere Geschichten. 1728 kam hoher Besuch aus Potsdam-Berlin nach Dresden. Friedrich Wilhelm I., der Soldatenkönig, hielt sich zur Faschingszeit in der Residenz der Wettiner auf. Seit Jahren war das Verhältnis zwischen Preußen-Brandenburg und Kursachsen gestört. Ein gnadenloser Wirtschaftskrieg fand statt. Der nördliche Nachbar missgönnte Sachsen seine wirtschaftlichen Erfolge. Er unternahm alles, um diese Entwicklung zu unterbrechen. Die

Hohenzollern warben Fachleute ab, störten Sachsens Handel mit dem Osten, versuchten gar, eine erfolgreiche Gegenmesse zu Leipzig zu gründen und eine staatliche Porzellanmanufaktur. Friedrich August – an einem vernünftigen Verhältnis zu Hohenzollern interessiert – bemühte sich, die Unstimmigkeiten aus der Welt zu schaffen. Das ist dem charmanten Gastgeber und Weltmann auch zeitweilig gelungen. Er sparte nicht mit Aufmerksamkeiten und Vergnügungen. Auch darüber weiß Wilhelmine Bescheid: „Sobald der König nach Dresden kam, wurde er von Vergnügen zu Vergnügen fortgerissen, wodurch seine Schwermut und Frömmigkeit ihn verließen. Die Freuden der Tafel wurden nicht vergessen, der Ungarnwein ward nicht gespart, und die Freundschaft der beiden Könige war die innigste."

Der junge Friedrich durfte seinen Vater nach Dresden begleiten. Er, der von seinem Vater am brandenburgischen Hof roh behandelt wurde, erlebte eine andere Residenz. Ich stelle mir vor: Friedrich, sechzehnjährig, sah unerwartet das feierfreudige Dresden. Die Sammlungen stehen ihm offen. Er genießt mit vollen Zügen. Er ist in Hochstimmung. Da begegnet er Anna Cathérina. Sie ist schön, sie ist bezaubernd, und sie nimmt sich Zeit für Friedrich. Sie übersieht, wie linkisch er ist. Sie reiten gemeinsam aus. Er bewundert sie, er verliebt sich in sie. Vielleicht hat sie Spaß dran, vielleicht macht sie ihm Hoffnung. Sie ist älter, sie hat mehr Erfahrung.

Friedrichs Biographen meinen, die Orczelska sei die erste große Jugendliebe des späteren Friedrich des Großen gewesen. Friedrich August entging nicht, was sich da entwickelte. Er wusste, was Lieben solcher Art einbrachten. In keinem Fall waren sie nützlich. Vielleicht erwachte auch der eifersüchtige Vater in ihm. Kurz entschlossen schickte er seine Tochter nach Warschau. Wilhelmine belegt es: „Mein Bruder also war sehr verliebt in die Orczelska, und der König von Polen, der sehr eifersüchtig auf seine Mätresse war, bemerkte dies. Um das gute Einverständnis der beiden zu stören, ließ er ihm die schöne Formera anbieten ... Mein Bruder akzeptierte, und sie wurde seine erste Mätresse (die Orczelska war inzwischen abgereist)."

Augusts Tochter Anna Catherina.

Ein denkwürdiges Ereignis: Handschlag der Herrscher Sachsens und Preußens Friedrich August I. und Friedrich Wilhelm I. 1728.

Auf diese Episode wird Friedrichs spätere Haltung gegenüber Sachsen zurückgeführt. Geschichte vermischt sich mit individuellem Schicksal. Friedrich verzieh dem Wettiner nicht, dass er Anna Cathérina weggeschickt hatte.

Er begann den Kurfürsten zu hassen, er fühlte sich gekränkt und zurückgesetzt. Wilhelmine, die Vertraute Friedrichs: „Mein Bruder war seit seiner Rückkehr von Dresden in eine schwarze Schwermut versunken: alle meine Versuche, ihn herauszureißen, blieben vergeblich. Nach und nach schien er auszuzehren, er verlor alle Eßlust, ward sichtlich mager, und häufige Schwächeanfälle machten uns besorgt. Der König machte sich viel Unruhe, denn er hatte von Natur ein gutes Herz, und ungeachtet des Widerwillens ... gegen den armen Kurprinzen bereute er es nun, ihn so hart behandelt zu haben. Allein, man war weit entfernt, sein Übel zu erraten: Friedrich war einzig nur liebeskrank, wie sich einige Zeit darauf zeigte ...“

Obschon beim Gegenbesuch Friedrich Augusts in Berlin die Orczelska dabei war, soll Friedrich seinen Hass nicht mehr verloren haben. Er übertrug sich nach dem Tode Augusts des Starken auf dessen Sohn. Die Rücksichtslosigkeit, mit der er Dresden im Siebenjährigen Krieg beschießen ließ, seine Verachtung Friedrich Augusts II. rührten – so behaupten Biographen – von diesem Dresden-Besuch her. Ein pathologischer Fall, könnte man meinen.

Die starke Zuneigung Friedrich Augusts zur Anna Cathérina wird von mehreren Zeitgenossen bestätigt. Sie ist – nüchtern betrachtet – ganz natürlich: Er liebte sie als Vater.

Am 10. August 1730 heiratete Anna Cathérina den Prinzen Karl Ludwig von Holstein-Beck. Er soll ein ziemlich unbedeutender Mann gewesen sein. Wenige Monate später, zu ihrem 23. Geburtstag am 30. November, zeichnete Friedrich August sie besonders aus. Er schenkte ihr das Flemmingsche Palais, das er von seinem einstigen Minister erworben hatte. Cathérinas Geburtstag wurde festlich begangen. Das Palais erstrahlte die ganze Nacht in hellem Licht. Ein Feuerwerk wurde aufgeführt.

Friedrich August wollte seine Tochter gut versorgt wissen. Bereits zu ihrer Hochzeit erhielt sie eine Mitgift von 80 000 Talern. Und in seinem Testament wies er ihr eine jährliche Rente von 8 000 Talern aus.

Anna Cathérina blieb nur drei Jahre mit Holstein-Beck verheiratet. Danach ließ sie sich scheiden. Ihr Vater, den Venedig Zeit seines Lebens gefesselt hatte, muss ihr viel von der Stadt an der Lagune erzählt haben. Sie verließ Dresden und zog es vor, abwechselnd in Venedig und Avignon zu leben. Dort soll sie einen Kreis von jungen Künstlern um sich geschart haben, darunter so manchen Liebhaber. Es heißt, dass sie bis ins fortgeschrittene Alter eine zauberhafte Frau blieb.

Der alternde König

Langsam gingen auch Friedrich Augusts stürmische Jahre zu Ende. Sein letztes Lebensjahrzehnt verlief ruhiger. 1719 hatte er sich von der polnischen Geliebten Maria Magdalena von Dönhoff getrennt. Die Zeit, da eine Mätresse der anderen folgte, schien endgültig vorbei zu sein. An den beiden Höfen Warschau und Dresden wurde das mit Erstaunen zur Kenntnis genommen. War der Kurfürst und König, der sich so gern mit dem Glanz schöner Frauen geschmückt hatte, müde geworden? Die Anzeichen mehrten sich, dass es ihm gesundheitlich nicht gut ging. Seit dem 40. Lebensjahr fuhr er regelmäßig nach Karlsbad zur Kur. Allen, die ihn kannten, fiel auf, dass er stark an Gewicht verloren hatte. 1712 wog er 121 Kilogramm, zehn Jahre später wies das Wiegenbuch 23 Kilogramm weniger aus. Wetterumschwünge bereiteten ihm in seinen vernarbten Wunden, die er sich auf den Kriegsfeldern und bei höfischen Spielen zugezogen hatte, Schmerzen. Er klagte über Schlaflosigkeit. Häufiger Durst plagte ihn. Zu Ende war die Zeit, da er alle beim Spiel herausforderte, nach dem Ring stach und oft als Sieger hervorging. Der König begann zu altern. In sein kastanienfarbenes Haar mischten sich lange graue Fäden. Er ging schwerfälliger, obwohl er weniger an Gewicht trug. Dann passierte es aber doch, dass ihn wieder eine Frau fesselte.

Zur Leipziger Messe lernte er Sophie von Dieskau kennen. Der sächsische Adel stellte mit Genugtuung fest, dass der Kurfürst endlich eine Tochter des Landes begehrte. Die Sachsen hatten lange warten mussen, ehe sich der Wettiner einer Frau aus dem Kurfürstentum zuwandte. 1694 hatte ihnen Maria Aurora von Königsmarck, eine Deutsch-Schwedin, die Hoffnungen verdorben, Friedrich August notfalls über eine Frau zu beeinflussen. Nach ihr war die Wienerin Esterle gekommen, die schon gar nichts mit den Sachsen zu tun hatte, und danach die Cosel aus Depenau. Polinnen hatte er verehrt. Nun, im Alter von über 50 Jahren, erwählte er endlich eine Sächsin.

Sophie von Dieskau entstammte niedriger adliger Herkunft. Sie war überaus schön und jung, berichten Zeitgenossen. Friedrich August hätte sich Hals über Kopf in die Zwanzigjährige verliebt.

Augusts vorletzte Mätresse, die zwanzigjährige
Sophie von Dieskau.

Ein Fünfzigjähriger und eine Zwanzigjährige – es muss tatsächlich einiges mit beiden passiert sein. Vielleicht erlebte er jenes Glück, das junge Frauen einem älteren Manne zu geben vermögen, wenn sie ihn lieben. Oder war es nur ein Strohfeuer, ein plötzliches Begehren? Das Verhältnis hielt nicht lange. Bereits 1721 heiratete Erdmuthe Sophie von Dieskau den Hofmarschall Johann Adolf von Loß. Vieles deutet darauf hin, dass Friedrich August diese Ehe persönlich arrangiert hat. Offenbar wollte er Erdmuthe gut versorgt wissen. So gehörte es sich auch. Schließlich sollte sie nicht umsonst Mätresse gewesen sein. Denkbar ist auch, dass ihm ein so junges Ding zu anstrengend wurde. Vielleicht wurde sie gar zu einer zweiten Fatime, zu der er immer wieder gehen konnte. Aber davon berichten die Quellen nichts.

Fast ohne Übergang tritt Henriette von Osterhausen in Friedrich Augusts Leben. Auch sie eine Sächsin, auch sie sehr jung. Übereinstimmend wird berichtet, dass sich Henriette in Friedrich August verliebt hätte. Schwärmerisch hätte sie zu ihm aufgeblickt. Er wird es genossen haben. Ob König, Kurfürst oder Bettler – die Zuneigung einer schönen Frau erhöht, lässt über die selbst errichteten Ränder weiter schauen. Lange hielt auch dieses Verhältnis nicht. Angeblich soll die Frau seines Sohnes, die hässliche Josepha, Henriette von Osterhausen mit großem Hass verfolgt haben. Als Henriette dem Kurfürsten nicht mehr nahe stand, sorgte Josepha dafür, dass die Sächsin in ein Kloster bei Prag verbannt wurde. Andere Quellen geben vor, dass Henriette von Osterhausen etwa ein Jahr später einen polnischen Adligen geheiratet hätte. Mit diesen beiden Frauen schließt sich der große Liebesreigen, der 1694 mit Aurora von Königsmarck begonnen hatte.

Auffällig ist an den beiden letzten Mätressen, dass sie unverheiratet waren. Friedrich Augusts Frauen von Rang waren meist verheiratet, als sie zur Geliebten aufstiegen. Nur Maria Aurora und Henriette Duval aus Warschau, die Mutter der Orzelska, bildeten eine Ausnahme. Die Lubomirska, die spätere Fürstin von Teschen, die Cosel, die Dönhoff, sie alle wurden geschieden. Fatime heiratete auf seinen Wunsch. Auch die Esterle war verheiratet. Fast immer hatte es mit den Scheidungen Probleme gegeben, und fast immer musste die Kirche nachhelfen. Ab 1723/1724 scheint Friedrich

Die letzte Geliebte: Henriette von Osterhausen.

August ohne Mätressen auszukommen. Der Nordische Krieg war 1721 zu Ende gegangen. Der Kurfürst widmete sich nun stärker seinem Dresden. Die polnische Königskrone fester auf dem Kopf, setzte er fort, wozu er mit Beginn seiner Kurwürde entschlossen gewesen war. Er vermehrte die Sammlungen seiner Väter und baute Dresden zu einer europäischen Kapitale auf. Bereits 1709 war die erste Zahlungsanweisung für den Bau einer Orangerie ergangen. Daraus entwickelte sich in den folgenden Jahren der Zwinger. Zur Hochzeit seines Sohnes 1719 konnten Pöppelmann und Permoser ein Stück ihrer Festarchitektur vorstellen. In Pillnitz, das einst die großen Tage des Kurfürsten und der Gräfin Cosel erlebt hatte, verwirklichte August der Starke ein „indianisches Lustgebäude". 1723/24 entstanden das Berg- und das Wasserpalais. Der Kurfürst ließ das Jagdschloss Moritzburg umbauen und großzügig erweitern, eine steinerne Brücke wölbten ihm die Baumeister über die Elbe; das Blockhaus kam hinzu, an drei Kirchen wurde gebaut: an der Matthäuskirche in der Friedrichstadt, an der Dreikönigskirche in der Neustadt und an der Frauenkirche am Neumarkt. Und in Altendresden wuchs die neue Königsstadt heran, eine großartige barocke Stadtanlage, die noch heute in Teilen in der Inneren Neustadt erhalten ist. Hatte sich seine Lust auf Frauen erschöpft? Trat nun die Beschäftigung mit Steinen und Straßen, Plätzen und Schlössern ins Zentrum seines Lebens? Selbst die Feste waren im letzten Lebensjahrzehnt bescheidener. In diese Zeit fällt eine kurze Beschreibung von Flemming, in der er aus der Sicht eines Vertrauten den Kurfürsten und König charakterisiert: „Der König liebt die Frauen, es ist wahr, und wer sollte sie nicht lieben. Er liebt sie aber, um sich von der Last der Geschäfte zu erholen, und keinesfalls mit romantischer Glut. Doch haben sich infolge des verbindlichen und liebenswürdigen Benehmens des Königs seine Geliebten in den Kopf gesetzt, sich ganz zu Herrinnen seines Willens zu machen und sogar die Geschäfte beherrschen zu wollen. Der Übelstand war, dass einige der Minister aus höfischer Politik sich so gefällig zeigten, den Wünschen der Favoritinnen entgegenzukommen. Ich habe ihnen dies von meiner Seite stets verweigert, jedoch unter dem Erbieten, es zu tun, wenn ich einen Befehl meines Herrn erhalte; da mir niemals ein solcher zugegangen ist, habe ich auf keine Weise zur Erfüllung solcher Wünsche verstanden."

Klar, dass sich Flemming herausstreicht. Dennoch ist Flemmings Kurzporträt über den Wettiner eine ernüchternde Charakteristik. Sie wird so gar nicht der Vorstellung vom „großen Wüstling" gerecht, dem Herrn über ein Serail, dem Vater von 354 oder 365 Kindern. Flemmings Urteil und Friedrich Augusts Lebensweise ab Mitte der Fünfzig passen so gar nicht zu einem Mann, dem unterstellt wird, dass er bis an sein Lebensende den Frauen in großer Leidenschaft zugetan war. Das, zumindest das, darf korrigiert werden.

Friedrich Augusts Gesundheitszustand verschlechterte sich zusehends. 1726 auf einer Reise von Grodno nach Warschau erkrankte er schwer. In die zweite Zehe des linken Fußes war der Wundbrand geraten. Der Barbier und Chirurg Johann Friedrich Weiß entschloss sich zu einer Amputation. Sie rettete dem Wettiner das Leben. Es gilt heute als sicher, dass er an der Zuckerkrankheit litt. Friedrich August erholte sich und wurde leidlich gesund. Zwei Jahre später war er dem Tod nahe. Erneut setzte sich sein Lebenswille durch. Friedrich Wilhelm I., der von seinem Gesandten am Dresdner Hof gut informiert wurde, hielt fest: „Alle sagen, dass er so woll und gesund ist als ein junger Adler. Er soll Medizin haben von einem Franzosen bekommen. Das hätte ihn wieder ganz neu gemacht, so wie er vor zwanzig Jahren gewesen. Das ist keine Historie vom Fischmarkt."

Am 3. September 1727 starb Christiane Eberhardine, seine Frau, in Pretzsch. Sie wurde beigesetzt, ohne dass Friedrich August zugegen war. Seine Abwesenheit beim Begräbnis verdeutlichte aller Welt: Sie hatten sich schon lange nichts mehr zu sagen gehabt.

1728 erwog der Kurfürst noch einmal große Pläne. Mit Liebe hatten sie gewiss nichts zu tun. Friedrich August besuchte seinen alten Freund und Rivalen Friedrich Wilhelm I. in Potsdam und Berlin. Wieder einmal war das Verhältnis zwischen Sachsen und Brandenburg auf einem Tiefpunkt angekommen. Mehr noch: Ein regelrechter Handelskrieg fügte beiden Ländern großen Schaden zu, stärker aber wohl Sachsen. Beide Fürsten wollten diese unerfreulichen Auseinandersetzungen beenden. Und sie überlegten,

wie sie ihr künftiges Verhältnis freundschaftlich befestigen könnten. Von Friedrichs Schwester, der preußischen Prinzessin
Wilhelmine, die Friedrich August später so unerbittlich schreibend
verfolgt, ist zu erfahren. „Der König von Polen kam am 29. Mai an,
worauf er sich sogleich zur Königin begab. Er war damals fünfzig
Jahre alt (er war 58), hatte eine majestätische Haltung und
Gesichtszüge und alle seine Handlungen drückten Güte und
Höflichkeit aus. Seine ungeheuren Ausschweifungen hatten ihm
ein Übel am Fuß zugezogen, weswegen er nicht gehen und nicht
lange stehen konnte. Die Königin setzte sich mit ihm auf
Taburetts, der König und wir übrigen standen vor ihnen, obschon
er ihn und uns oftmals bat, uns doch niederzulassen. Er betrachtete mich sehr aufmerksam, lobte unsere ganze Familie und sagte
jedem von uns etwas Angenehmes … In dieser Zeit erfuhren wir,
dass mein Vater auf dem Punkt gewesen war, mich mit dem König
von Polen zu verloben. Die Sache wäre für beide Fürsten vorteilhaft
gewesen; mein Vater sollte dem König von Polen drei Millionen lei-
hen und einen ansehnlichen Brautschatz geben, dagegen versprach Polen (gemeint ist Sachsen), die Lausitz auf zwanzig Jahre
als Schuldpfand nebst der Verwaltung dieser Provinzen; auch mein
ansehnliches Wittum wurde auf sie angewiesen, und um von
Seiten der Religion jedes Hindernis zu beheben, sollte ich allzeit zu
Dresden verbleiben. Der schöne Plan scheiterte, der Kronprinz von
Polen wollte diese Artikel nie unterzeichnen, die ganze Unterhandlung schlug also fehl."

Es ist verlockend, sich vorzustellen, was Sachsen möglicherweise erspart geblieben wäre, wenn Friedrich August Wilhelmine
geheiratet hätte. Vielleicht wäre es weder in die zwei Schlesischen
Kriege noch in den Siebenjährigen Krieg verwickelt worden, vielleicht wäre es gar nicht zu diesen Kriegen gekommen.

Am 1. Februar 1733 starb Friedrich August in Warschau. Er hinterließ acht Kinder, die er legitimiert hatte. An seinem Sarg – das
ist verbürgt – weinten keine Mätressen. Die Cosel saß auf Stolpen,
die Esterle warverschollen; Maria Aurora von Königsmarck war
1728 völlig verarmt und vergessen in Quedlinburg gestorben;
Maria Magdalena von Dönhoff starb 1730; der Lubomirska, die
Friedrich August zur Fürstin von Teschen erhoben hatte, war der

Weg von Dresden nach Krakau zu beschwerlich. Es ist auch nicht bekannt, ob die Töchter und Söhne bei der Beisetzung in Krakau zugegen waren. Moritz, der Sohn der Königsmarck, bestimmt nicht. Er diente ab 1728 dem französischen Königshaus. Später gewann er eine Schlacht nach der anderen für Frankreich. Ludwig XV. beförderte ihn zum Marschall von Frankreich.

Nach dem Tode Augusts des Starken ging es am Dresdner Hof weniger glanzvoll zu. Sein Sohn Friedrich August II. liebte die großen Auftritte nicht. Er machte seiner Josepha ein Kind nach dem anderen und überließ die Regierungsgeschäfte weitgehend seinem Premierminister Brühl. Schon kurz nach seinem Tode wurde der sächsische Kurfürst Friedrich August II. scharf kritisiert. Friedrich der Große nannte ihn den „falschesten Fürsten von ganz Europa, ohne Ehr' und ohne Glauben". Verhindern aber konnten es weder die Preußen noch die schreibenden Damen, dass August der Starke als strahlender Fürst und großer Frauenverehrer in die Geschichte einging, obwohl ihn in den letzten Lebensjahren kaum noch die Schönen umgaben. Und wieder einmal kommentierte Liselotte von der Pfalz: „den ein herr, der sein Leben so abscheülich lasterhaft verbracht hatt, wie dießer, muß mehr im 50 Jahr verschließen (verschlissen) sein, alß ein ander in 70." Gegen Legenden kommen weder empörte Frauen noch eifernde Historiker an. Friedrich August I. bleibt der Frauenheld, der große Verehrer der Damen, auch wenn er nur acht Kinder legitimiert hat.

Der „Goldene Reiter" auf dem Neustädter Markt in Dresden zeigt August in römischer Rüstung. Er reitet in Richtung seines Königreiches Polen.

Das historische Stadtzentrum Dresdens mit der Semperoper, der
Hofkirche, der Frauenkirche und dem Hausmannsturm.

Bildnachweis

2   Louis de Silvestre, Friedrich August I. / SLUB

4/5   Bernardo Bellotto, Dresden vom rechten Elbufer unterhalb der Augustusbrücke – SLUB / A. Rous

5/6   Bernardo Bellotto, Der Neumarkt zu Dresden 1750 – SLUB / Martin Würker

13   Maler unbekannt, ehem. Jagdschloß Moritzburg / SLUB Walter Möbius

14   Bildnis im Besitz des Familienvereins Wettin / SLUB Walter Möbius

15   Pieter Schenk, Kupferstich im Kupferstichkabinett Dresden / SLUB Regine Richter

19   Louis de Silvestre, Ölgemälde, ehemaliges Residenzschloß / SLUB Walter Möbius

22   Pieter Schenck, Kupferstich im Kupferstichkabinett Dresden / SLUB Loos

23   Johann Alexander Böner, Kupferstich im Kupferstichkabinett Dresden / SLUB

27/41/53/67/98/147   SLUB

31   Aquarell in Graphischen Sammlungen Dresden / SLUB

36/37/45/145   SZ/Jürgen Lösel; 136/137 SZ/Thomas Lehmann; 144 SZ/Dirk Zschiedrich; 166/167 SZ/Robert Michael

48/62/114/150/158/160   aus Carl Ludwig von Pöllnitz: Das galante Sachsen.

57   Sammlung von Bildnissen der Herzöge von Sachsen und Markgrafen von Meissen / SLUB Regine Richter

69   Louis de Silvestre, Ölgemälde im ehem. Lustschloß Pillnitz / SLUB Möbius

72   Städtische Museen Quedlinburg/Schloßmuseum

79   unbekannter Meister, Staatliches Museum Schwerin / SLUB/Krentzlin

86   Rosalba Carriera, Gemäldegalerie Alte Meister Dresden /SLUB Christa Hüttel

93   Louis de Silvestre, Gemäldegalerie Alte Meister Dresden /SLUB Rous

103   Unbekannter Künstler, Kuperstichkabinett Dreden / SLUB Loos

107/109/165   dpa

119   Johann Goerg Wolfgang, Stich. Sammlung Friedrich August II / SLUB

120   Kupferstich, Radierung / SLUB Regine Richter

124   Adam Manyoki, Staatl. Kunstsammlungen, Warschau / SLUB Walter Möbius

129   Johann Friedrich Wentzel, Feder, Pinsel in Schwarz / SLUB Regine Richter

130   Antoine Pesne, Öl, Historisches Museum Dresden / SLUB/Heinrich

134   unbekannter Künstler (vermutlich Manyoki oder Silvestre) / SLUB Walter Möbius

140   Im Besitz des Freih. v. Lüttichau, Bärenstein / SLUB Möbius

143   Augusts Sohn / SLUB

153   Rosalba Carriera, Pastell / SLUB Walter Möbius

154   Louis de Silvestre, Öl / SLUB Asmus Steuerlein

(SLUB = Sächsische Landesbibliothek – Staats- und Universitätsbibliothek Dresden. Abt. Deutsche Fotothek)